JN259134

ラフカディオ・ハーンの
Lafcadio Hearn's CREOLE COOK BOOK
クレオール料理読本

ラフカディオ・ハーン●著　河島弘美●監修　鈴木あかね●訳

CCCメディアハウス

ハーンとクレオール料理

「ラフカディオ・ハーンをご存じですか？」――そうたずねられたときには首をかしげても、『怪談』の小泉八雲」なら聞いた覚えがある、読んだ記憶がある、と答える人は多いに違いない。ラフカディオ・ハーンとは、古く美しい日本の風物や民話を魅力的な文章で欧米読者に紹介し、晩年には日本に帰化して小泉八雲と名のった著述家のことである。日本では「雪女」「耳なし芳一」「むじな」などの作品をとおして親しまれてきた。では、そのハーンとアイルランド、ギリシャ、そしてアメリカの都市シンシナティやニューオーリンズとの関係は、とさらに質問を重ねたらどうだろう。すぐにそこまで正しく答えられれば、よほどハーンに詳しい、熱心なファンだと言ってよい。ゆかりの土地が文字どおり世界中に点在するハーンのような人物の生い立ちを記すためには、一枚の世界地図がどうしても必要になるのである。

ハーンは一八五〇年六月二七日、ギリシャのイオニア諸島の一つ、レフカダ島に生まれた。父チャールズ・ブッシュ・ハーンはアイルランド人で、当地に駐屯していたイギリス陸軍の軍医であり、母ローザ・アントニア・カシマチはギリシャ人の娘である。ハーンは二歳頃までこの島で過ごした後、母と共にアイルランドのダブリンにある父の実家に移るが、ローザはここでの暮らしになじめずに四歳のハーンを残して帰国してしまい、ハーンは子どものいない未亡人の大叔母の手もとに引き取られた。また、父がローザとの結婚無効を申し立て、別の女性と結婚したため、父との縁も切れる。幼時における両親、ことに母との別れ、厳しいカトリック教育などの経験がハーンに及ぼした影響は非常に深い。

大叔母一家の破産後、ハーンはただ一人でアメリカに赴く。一八六九年、一九歳になる年のことである。職を転々とする苦労の末、新聞記者として認められるようになり、シンシナティで、さらにはニューオーリンズで健筆をふるう一方、翻訳や創作にも活動を広げていく。当時ハーンが書いた文章を見ると、センセイショナルな犯罪記事をはじめ、物語、エッセイ、文芸評論など、驚くほど多方面に及んでいる。また、カリブ海に浮かぶフランス領西インド諸島のマルティニーク島に二年間滞在し、ここでの体験も執筆して読者の好評を博した。

一方、ハーンの日本に対する興味は、ピエール・ロチの作品やパーシヴァル・ローウェルの『極東の魂』、バジル・ホール・チェンバレンの英訳『古事記』などの愛読書をとおして深まっていたが、なんといっても来日への動機を決定的にしたのは、一八八四年一二月からニューオーリンズで開催された万国産業博覧会で日本館の展示を取材したことである。

一八九〇年三月、ハーンは挿絵画家のウェルドンと共にニューヨークを出発、汽車で大陸を横断して、四月四日、船で横浜に到着する。取材記事を「ハーパーズ・マンスリー」という文芸雑誌に送る契約で訪れた日本に、以後一四年もとどまることになろうとは、このとき、ハーン自身でさえ予想もしなかったことだろう。だが、記者である自分よりもウェルドンのほうが高い報酬と大きな権限を与えられているのを知って、ハーンはハーパー社と絶縁し、英語教師の職を求める。そして決まった赴任先が松江の尋常中学校だったことは、結果的にみてハーンにとっても、また日本にとってても幸せだったと言えよう。ハーンがいかにこの静かな出雲の城下町を愛したかは、「神々の国の首都」をはじめとするすばらしい文章は言うまでもなく、後年、帰化にあたって出雲の古歌にちなむ「八雲」を日本名に選んだことにもあらわれている。

この地でハーンは士族の娘セツと結婚、幸せな家庭生活を得る。以後、熊本、神戸、東京に居を移し、多くの生徒に英語や英文学を教えるかたわら、みずからも優れた著書の数々を残して、一九〇四年九月二六日、東京西大久保の自宅で亡くなる。日本関係の著作は十数冊にのぼり、『知られぬ日本の面影』など、明治の日本の風物や日常生活、日本人の心を見事に伝える名文が多い。

さて、本書と最も関係の深いニューオーリンズ時代に戻ろう。二七歳でオハイオ州シンシナティから移って以来の一〇年間、これはハーンにとって充実の時代であった。はじめハーンはこの街で窮乏生活や熱病に苦しんだ。だが、ハーンの優れた伝記を著したエリザベス・スティーヴンスンが

「タイムズ・デモクラット」に入社してからのハーンについて、「作家として名をあげはじめ、新聞記者として最も幸福な活動期を迎えた頃」と述べたとおり、やがてハーンは記者としての仕事をこなしつつ読書や翻訳に励み、友人知人と交際し、ハーバート・スペンサーの進化論や東洋、特に中国や日本への関心を深めるといった具合に、二〇代から三〇代にかかる若さにふさわしく、さまざまなことに関心をもって生き生きと暮らすことになる。

ニューオーリンズはミシシッピ川の河口近くにある港町で、アメリカには珍しいラテン系の街でもある。まだシンシナティにいた頃、ジョージ・ワシントン・ケイブルという人物の文章をたまたま読んで心をひかれたことが、ハーンにニューオーリンズ行きを決意させた理由の一つと言われる。ケイブルが描いたニューオーリンズのクレオール文化に、ハーンは夢中になったのである。

元来クレオールとは、ルイジアナ地方に入植したフランス人とスペイン人およびその子孫を指すが、一般的にはフランス系やスペイン系の人々と有色人種との間にできた混血の子孫をも意味するようになった。ハーンもそれは承知のうえでこの語に広い意味をもたせ、昔のフランス風ニューオーリンズのなごりの文化、つまり優美なフランスの香りにアフリカ的な野趣の混じったこの独特の混血文化を好み、街を探訪した。もともと寒いのが苦手で、ラテン民族やラテン文化に深い共感を寄せるハーンには、この南欧的な雰囲気は大きな魅力だった。クレオールの物語、音楽、ことわざ、薬草などと並び、クレオールの料理も、ハーンの知的好奇心を刺激したに違いない。後述するように、初のクレオール料理書としての自著の意義を自負するハーンの言葉にも、また料理書の性格そのものにも、そのようなハーンの姿がよくあらわれているように思う。

街の観察から得られた素材はたびたび「アイテム」紙上に載り、読者を楽しませた。新入り記者ハーンは、地元の日常生活や風物を軽妙にまとめた記事に、独特の味の版画のカットをみずから添えて、それまであまり個性のなかった小新聞「アイテム」を結果的に廃刊から救う働きをしたのである。しかし、一番楽しんでいたのは書いているハーン自身だったのではないだろうか。

筆まめなハーンが多数残した書簡の中にも、この街に暮らす満足感がにじみ出ている。

大鴉《おおがらす》はこんなふうに過ごしております。朝はお日様と共に起き、コーヒーを一杯飲んで、パンを一切れ食べる。それから社へ行って、「アイテム」に載せる駄文をでっち上げます。できたら下宿に帰る。窓の外の蔦《つた》と蚊の大群で薄暗いその部屋に、わがスペイン語の先生をお迎えするのです。勉強のあとは中華料理のレストランへ出掛けて、すごい食事――大鴉の栄養感覚は非常に発達しておりますからね。その後二時間ばかりを古本屋で過ごし、床につきますが、真夜中に起きてパイプをふかします。

「大鴉」とは自分のことで、古い友人ワトキンに宛てたこの一節には、ハーン自身のシンボルとした小さな鴉のカットが散りばめられ、いかにも上機嫌な様子が目に浮かぶ。記事の執筆、勉強、古本探しといった知的な行動にアクセントをつけているのがコーヒーとパン、パイプの一服、そしてたっぷりした正餐という楽しみである点に注目したい。よい香りが文面から漂ってくるようだ。

他にも、ハーンが自分のクレオール風の一日について友人クレイビールに報告した手紙に、次のような一節がある。

朝食には朝早くレストランに行って、無花果《いちじく》一皿、ブラック・コーヒー一杯、クリーム・チーズ一皿――これは北部のとは違って、牛乳を固めてクリームに浮かべた素敵なものですが――それにとうもろこしのマフィンを二、三個と、卵一個を平らげます。

なんともおいしそうで、食欲をそそられるではないか。

ニューオーリンズはまた、ハーンが料理店経営という事業を計画し、相棒の裏切りにあって二〇日あまりで失敗するという、生涯に一度のエピソードを生んだ土地でもある。どんな料理も相場の半額の五セントで提供する、南部で一番安い店をうたった広告ビラはシンシナティのワトキンのもとへも送られ、昔、ハーンに印刷の仕事を教えたこの年輩の友人を驚かせた。

おいしい料理を食べさせてくれるコートニー夫人の食卓に出合ったハーンが、そこへ通いやすい住まいを求めて何度か引っ越しまでして常連となったのも、このニューオーリンズでのことである。のちにハーンは書簡や献辞で夫人への感謝の気持ちをあらわしている。ハーンの食べることへの関心が並々ならぬことを感じずにはいられない。

そのハーンがクレオール文化への尽きぬ興味と食べることへの関心を重ね合わせたところに誕生したのが、これも生涯にただ一冊となった料理本である。『クレオール料理』(*La Cuisine Créole*)というタイトルのついたその本は、やはりハーンが集めたクレオールのことわざ集『ゴンボ・ゼブ』、ハーンが一部寄稿した『クレオールガイドブック』と共に、ウィリアム・H・コールマンによって発行された。コールマンはハーンがニューオーリンズに来たばかりの頃にできた友人で、その後ニューヨークで書籍を扱っていた。一八八四年一二月からニューオーリンズで開かれる博覧会に向けてこの三冊を出版し、街を訪れる人たちに大いに売ろうと、ハーンのほうからもちかけた計画だったらしい。ところが出版が翌年四月まで遅れてしまい、もくろみははずれた。それでも、三冊の中で当時一番売れたのは『クレオール料理』だったという。

ハードカバーの分厚い本である。章立てだけを見ても、スープ、魚料理、肉料理、アントレ、野菜料理、卵料理、サラダとつけあわせ、ピクルス、パン、ビスケット、ラスク、ワッフル、ドーナツ、ケーキとお菓子、デザート、プディングとパイ、プリザーブ、シロップ、果実酒と飲み物、コーヒーにお茶、さらに病人や病後の人、虚弱体質の人向きのレシピまでカバーする念の入れ方だから、厚くなるのも無理はない。およそ家庭で作ろうとする食物でここに載っていないものがあろうかと思うほどである。典型的なクレオール料理のザリガニスープ、ゴンボ、ジャンバラヤなどは言うまでもない。スープやピクルスの章では、個々のレシピに入る前に調理器具その他について全般的な注意が述べられている。魚料理の章には亀のさばき方が、肉料理の章ならば各種の肉の調理法に加えてソースの作り方や盛りつけ方まで説明されているのである。主婦が特別なメニューを記しておく料理ノートやカードとは異なり、この本では難易度に関わりなくレシピが並んでいる。できる限り多くを網羅するという方針で集められていることがわかる。また、短い序文の中で、ハーンはこれが初のクレオール料理書であることを二回も述べている。そこには民俗学者としてのハーンに通じるもの、つまり記録にとどめておくこと自体にまず意義を認める姿勢が感じられる。

この本の記述の特徴の一つは、各料理の作り方が大変要領よく、手短に説明されていることである。ただ、材料とその分量を初めに書き抜くことはせず、作り方の手順を説明する文中に随時出すスタイルなので、必要な材料を前もってすばやく確かめるには不便を感じる。また分量にしても、たとえば「よく太ったカニ六杯」といった具合におおざっぱなことがある。「よく太った」とはいったいどのくらいの大きさ、重さなのか——料理に不慣れな人ならとまどうかもしれない。このような特徴が生まれたのは、ハーンがレシピを集めるにあたって友人たちの家庭で一つずつ料理を教わり、書き留めていったために相違ない。つまり、典型的な聞き書きのスタイルなのである。ベテランの主婦である夫人たちの説明を、ハーンはおそらくその場でメモしたのだろうと想像される。この土地に伝わるレシピをできるだけ多く、忠実に書き留めておくという目的に徹しているのは、エスプリをきかせた、読んで面白い文章は新聞の紙面という別の発表の場へと書き分けていたからであろう。

発行当時は別として、この料理本はその後、あまり読まれてこなかった。これまではただ、あのハーンに料理の本があったという意外性が印象づけられるだけの存在であったようだ。確かに、日本に関する研究書や『怪談』などいわゆる再話作品の著者、文学を講義する教師、あるいはセンセイショナルな記事を書いた記者としてのみハーンを見るなら意外に感じるのも当然だが、民俗学的関心を常に持ち、好奇心も食欲も旺盛だったという一面を考えるとき、この意外性は薄れる。民俗学者としてのハーンの側面は最近注目されているが、民話やことわざを収集したのと同じ動機、同じ要領で、ハーンはクレオール料理のレシピも集めたのだ。そう考えれば、ハーンが料理の本を著したのも、むしろ自然な成り行きだったのかもしれない。

それにしても、食文化という言葉もあるように、文化の重要な一分野である「食」の世界に真剣に取り組んだハーンの着眼点はさすがである。当時のニューオーリンズの食生活をこれだけまとまった形で残した功績は大きい。カニを、ザリガニを、亀を、クレオール料理では当時どんな風に調理していたのか、我々はこの本で知ることができる。実に面白い本だ。

この貴重な書の初の邦訳にあたって、本書は『クレオール料理』を抄訳とする代わりに、『ゴンボ・ゼブ』に収録されたことわざのうち料理に関係のある興味深いものと、「アイテム」紙に当時ハーンが載せたコラムやカットも抜粋して加え、一冊にまとめるという方針をとった。料理だけでなく文化的側面も含めて、広くクレオールの世界に親しんでもらいたいという願いからである。料理に関心のある方はもちろんのこと、ニューオーリンズの雰囲気を知りたい方にも、またハーンの愛読者にもおすすめできる、読んで楽しい本ができたことをとてもうれしく思っている。

編集作業は、訳者の鈴木あかねさんが誠実に全訳された原稿をもとに、含むべき内容の取捨選択から料理用語のチェックまで、TBSブリタニカ出版局の福川由布子さんの行き届いた心配りによって順調に進んだ。刊行が近づくにつれて、できあがりへの期待がいっそうふくらむ、大変よい仕事ができたことをお二人に感謝したい。

一九九八年九月

河島弘美

ラフカディオ・ハーンのクレオール料理読本　もくじ

注

本書は原文の雰囲気を生かすために、度量衡をあえて日本で使用されている単位に変換せず、そのままにしてあります。頻出する単位の換算表は以下のとおりです。

一インチ＝約二・五四センチメートル
一パイント＝約〇・四七リットル
一ジル＝四分の一パイント
一クォート＝約〇・九五リットル
一ガロン＝約三・七九リットル
一ブシェル＝約三五リットル
一ポンド＝約四五四グラム
一オンス＝約二八グラム
紅茶茶碗一杯分＝八オンス弱
中さじ＝大さじ（一五ＣＣ）と小さじ（五ＣＣ）の中間、約一〇ＣＣ

また、各章末の注はすべて訳者・編集者によるものです。

ラフカディオ・ハーンの クレオール料理読本

装幀　坂川事務所
挿画　ラフカディオ・ハーン
（一八八〇年、「アイテム」紙に
掲載されたものより）
※本書は１９９８年にＴＢＳブリタニカより刊行された「ラフカディオ・ハーンのクレオール料理読本」の復刻版となります。

はじめに

「ラ・キュイジーヌ・クレオール（クレオール料理）」は、いかにもその発祥の地ニューオーリンズそのもの、といった料理である。言うなれば、この土地の国際色の豊かさを反映し、アメリカ、フランス、スペイン、イタリア、西インド諸島、メキシコそれぞれのお国柄が混ざり合っているのである。

本書はこれまで出版されたことのなかったクレオール料理オリジナルのレシピやその他の貴重なメニューを集めたもので、ゴンボフィレ、ブイヤベース、クールブイヨン（だし）、ジャンバラヤ、ロシア風サラダ、クレオール風ザリガニのビスク、食後酒のプースカフェやブリュレといったおなじみのものから、さまざまなお菓子や病人向けのレシピ、カクテルドリンクまでを収めた。家庭の安心立命は食事の支度の出来不出来に左右される。無知が生み出す消化に悪い品々は家庭に不和と災いをもたらすものであるから、若い主婦は何としても料理の技術を習得せねばなるまい。従って、本書は新米の主婦を対象とすることにした。ここに登場する多彩なクレオール料理はすべて経験によって徹底的に裏打ちされ、スープからデザートにいたるまで「キュイジーヌ」のすべてを網羅している。また、簡潔にして明晰な用語で説明してあるのでわかりやすく実用的であり、新米主婦の前に立ちはだかる料理という神秘のベールをはがし、彼女をアントレ、すなわち台所の入口に案内する。

クレオール料理は本質的に経済的であると同時に単純である。食欲をそそらずにはおかない料理の数々は、ちょっとした調理のコツの賜物であって、高価な食材や熟練の妙技とは無縁である。クレオールの主婦は、浪費癖のある召使いだったら捨ててしまうようなおいしい屑《くず》を巧みに使う。こうした腕前を主婦は誇りとし、またそのような腕前の持ち主は当然の結果として友人たちの賛辞にあずかることになる。

本書は巷にあふれる料理本とはひと味違うレシピを取り上げており、「ラ・キュイジーヌ・クレオール」独特のメニューを編纂した唯一の書である。

夜明けのしらべ

――「その耳には恐ろしい音が聞こえ」（ヨブ記　第一五章二一節）

果物やさまざまな珍味の物売りがこれほど町にあふれたことはなかったであろう。豊かな生活と活発な経済活動が営まれているという、頼もしい証左である。東の空に夜明けの光明が輝きだすや否や、物売りの呼び声が通りに響きわたる。しかも、かの名高い『ロンドン呼び声辞典』などとは比較にならないほど珍妙な音声による広告、つまりはイタリア人や黒人、フランス人、スペイン人の宣伝合唱なるものがこだまするのである。

鶏肉売りは、開け放たれた窓の一つ一つに首を突っ込んで叫ぶ。「とーりぃ、奥さん、とーりぃ！」。そこに「レーモン、新鮮なレーモン」売りが続く。「リィンゴォ！」「イチゴォ、イチゴッ！」「黒イチゴォ！」。それぞれ独特の、もったいぶった節回しである。

ずるそうな黒い眼をしたイタリアの伊達男はガラクタをどっさり売っていて、「ラニャッパ（おまけ）」という言葉を腹の底からしぼり出す。もちろんイタリア訛りで。この男は開け放たれた窓や扉にすーっと音もなくしのび寄り、真っ黒な眼をぎょろりとさせて、鋭く室内を見まわす。と、不意に稲妻のような深い低音がとどろく。「ラニャーッパ、奥さん！　ラニャーッパだよ」

マスクメロン売りもいる。子供たちは彼の声色をまねて叫ぶ。「マースーーークメロン！　新鮮で傷なしっ、つるからもぎたてっ。一〇セントぽっきりだよ！」

さらに、何を売っているのか正確には推し量りがたい物売りが二人いる。片方が叫ぶのは、いや叫んでいるらしいのは、「アーッ、アアーッ！　シーガット！（ああ、奥さんがお買上げえ！）」。奥様が何を「お買上げ」になったのかはわからずじまいだが、おそらくは何か不愉快なものをお買上げになったのだろう。というのも、ライバルとおぼしきもう片方の声が必ずこう続くからだ。「アーイ、アーイ、アーイ！　アイ・ウォント・ナッシング！（おいらァそんなものは欲しかないっ！）」――しかも「アーイ（おいら）」の部分をひどく強調して。それから、品行方正なる御仁ならば耳にしたくないような内容の言葉を大声で叫んでいる物売りもいる。実際には、単においしいジャガイモがあるよと宣伝しているだけなのだが。

物干し竿売りもいる。そのビリビリと震える歌声は、晴れた日には数マイル先まで響きわたるほどだ。「ものほーぉーぉーぉーしざおっ！」。ビブラートをきかせたテノール歌手としては、いやはや、すばらしいというほかない。一方、フランスはガスコーニュ訛りで軽妙に「コーリーコーリー（せきたーん、せきたーん）」とがなっている物売りは、批判を受け付けぬ歌い手として知られているのだろう。街中いたるところに出没しているようなのだから。

「フレッシュフィッグズ！」と叫ぶイチジク売りの声は、「アイスクラッグズ（氷の絶壁）」に聞こえる。扇子売りは「チープファン！（扇子、安いよお！）」と言おうとしているようなのだが、実際には「ジャパーン（日本）」あるいは「チャップトハンズ（あかぎれだらけの手）」としか聞こえない。「タオル」だの「オクレーエィ」だのと聞こえるのは、どうやら単に最高級のペンキを売っているだけのようだ。もちろん、我々の耳に飛び込んでくる音の響きを信じるならばの話だが。そして忘れてはならないのがトマト売りだ。「トム・エイト・トーズ！（トムが足の指を食っちまった！）」。誰の指を食ったって？ 興味津々である。

以上、雄叫びコレクションから新旧取り混ぜてご紹介したが、まだ書ききれなかったものが三種類ある。「カラス！」「プラジール（悦び）！」その他クレオール語のものであるが、これらについてはまた次の機会を待つことにしたい。わずかな時間とちょっと面白いものを見てやろうという好奇心をお持ちの方は、ぜひこの街にお出かけになり、金色の夜明けの輝きと共にやってくる物売りのしらべに耳を傾けていただきたい。

（「アイテム」紙、一八八一年七月二二日付）

クレオールのことわざから

Causer cé manger zoreîes.（Causer, c'est le manger des oreilles.）

会話は耳の糧《かて》。【トリニダード方言＊】

Ça qui gagne zoli fille gagne coudeçapeau.（Celui qui a une jolie fille reçoit des coups de chapeau.）

美しい娘をもつ父親には誰もが愛想よくする。【モーリシャス】

（『ゴンボ・ゼブ』一八八五年）

＊以下すべて【 】内は、取り上げたことわざがどの地方の方言による言いまわしかを示したものである。

スープ

スープは正餐では常に最初に供されるものであるから、本書でも料理の基本として最初に取り上げることにする。上手に作られたスープほどおいしいものはなく、また不味いスープほど食欲をそがれるものはない。何を手がけるにしても、完璧を求めるならば注意深さと細かい配慮が不可欠であり、細部に気を配った研究が必要であり、熱心な試行錯誤が原動力となる。料理もまたその手順の一つ一つが科学的に研究されるべきであり、決して成り行きまかせの人生の一コマなどと見なされてはならない。料理の手順のほとんどは化学である。従って、実験室で行なうように細心の注意を払って材料を計量し、試行せねばならない。女性の料理人でこの境地に達しているものはいないが、男性は本能的に理性がまさっているので法則や原則に忠実である。従って料理人として優れており、その功労への高い評価を意のままにするのである。

さて、スープ作りに関してまず肝に銘じねばならぬのは、景気よく火を燃やすことと、においがこびりつかないよう鍋を徹底的に洗浄することである。この原則を厳守するためには鍋一つをスープ用に捧げることが望ましい。そしてスープを皿に注ぎ盛り終えたら、カリウム石鹸あるいはナツメグ大の洗濯ソーダを用いて鍋を洗い、湯に浸し、清める。名匠はその道具で知れる。従って、優れた料理人もまた作業に着手する前の道具の手入れを怠ってはならない。こうした注意深さこそがすばらしい成果を生み出すのである。

スープの調理には時間をかける。煮込むのはじっくりと。そうすれば肉は柔らかくなり、肉汁もふんだんに流れ出るのだ。肉一ポンドにつき水一クォートと塩小さじ一というのが基本である。スープ用の肉は必ず水から火にかけること。沸点に達する前にアクをよくとること。また、野菜を入れる前に必ず余分な脂肪分をすくいとること。スープに最もよく使われる野菜はニンジン、リーク(ニラネギ)、カブ、セロリ、トマト、オクラ、キャベツ、カリフラワー、豆、ジャガイモである。

鍋一杯分のスープには大きめのリーク一本、ニンジン二本、パセリ一束、カブ二つ、ジャガイモ一個があれば充分だろう。セロリ一本、リーク二本、カブ二つ、小さいジャガイモ五〜六個という組み合わせでもよい。皮をむいたトマト六個とその汁、リーク一本、パセリ一束、ジャガイモ六個ならばまた違った趣が楽しめる。ニンジン、キャベツ、トマト、ジャガイモの組み合わせもなかなかよろしい。

ゴンボスープ（オクラ入りスープ）ならオクラさえあればよい（タマネギを足しても可）。春の仔羊のスープにはグリーンピース、レタス、新ジャガイモさえあれば上出来。バミセリ（麺状パスタ）やマカロニは鶏、仔羊、仔牛のスープにぴったりであり、好みでタマネギを加えてもよい。

野菜の下ごしらえは、水をはった鍋に肉を入れ火にかけてからすぐに始めるとよい。肉一ポンドにつき水一クォートはみておくことにしよう。ニンジンは皮をむいてから切るかすりおろす。パセリは洗ってみじんに切る。カブは皮をむいたら、四分の一インチ程度の幅の薄切りに。リークは厚めに切る。セロリは真ん中で二等分する。その柔らかな緑の葉はスープに何ともいえない風味を添える。トマトは熱湯をかければ皮をむきやすい。冷めたら種を除き、汁は後で使うのでとっておく。キャベツは薄く切る。ゴンボ用のオクラも薄切りに。ジャガイモは皮をむき、グリーンピースはさやをとり、トウモロコシも実を芯から削いでおく。これらの野菜によって、スープにいっそう味わいが出る。

スープを褐色にしたければ、炒めた小麦粉か少々焦がした砂糖を入れるとよい。ホウレンソウの葉を入れれば上品な緑色になる。まず葉をすりつぶし、布に包み入れ、汁をしぼり出す。この汁を、スープを食卓に出す五分前に加えるだけだ。この方法は、亀もどきスープ（三四頁参照）に色をつける際にも使える。

スープを赤くしたければ、しぼったトマトあるいは裏ごししたホールトマトの汁を使えばよい。

すりおろしたニンジンを入れると見事な琥珀色になるし、オクラならば薄い緑色になる。
仔牛、仔羊、鶏で作るホワイトスープには、米、精白玉麦、バミセリやマカロニなど白い穀物が最適である。ホワイトスープにとろみをつけるには、小麦粉を炒めずに入れるとよい。

スープストック（だし）

ストックの配合加減は特定の規則や配分率にしばられない。その作り方については、さまざまな料理の本でありとあらゆる説明や指示が与えられているようだ。しかしながら真の料理人ならば周知のように、最も経済的にストックを作るにはまずストック用の鍋を用意し、そこに牛あるいは肉汁が抽出されるであろうあらゆる肉類（骨、皮、胸肉、肋骨の先端、雄牛の頬肉、ハム、七面鳥その他鳥類の半端肉、羊、ベーコン、仔牛、鹿など）を投げ込めばよいのである。まったくのところ、ゼリー状にどろどろになるものならば何でもストックになる。

この雑多なごた混ぜに加えるべきは塩、こしょう、各種香辛料、香草、みじん切りのニンジン、タマネギ、好みでカレー粉などであり、これをこってりととろみがつくまで弱火でことことと煮込む。その後火から下ろし冷ます。冷めたら、あるいはやや冷めたら、浮かんできた脂肪分を細かなかけらにいたるまで、また沈殿物もすべて取り除き、澄んだ状態にする。さあ、これで準備ができた。特にこくのあるスープを所望されるならば、カウヒール（注1）か小麦粉でのばしたバターひと塊（角砂糖一個大）を加えるとよい。

ストックやスープの濾《こ》し方

四クォートのストックまたはスープに対して卵白二個分、二パイント半の水を用意する。この新鮮な卵白二個分と半パイントの水（注2）を一〇分間泡立てる。ここに沸騰させたストックまたはスープ四クォートを静かに加え、さらにかき混ぜる。鍋を火にかけ、沸騰するまでよくアクをとって透明にする。煮立ったら手早くかき混ぜる。火からやや離し、白身が分離するまで置いておく。濾し器に目のつんだ布を広げ、スープを濾す。澄んでおいしいスープのできあがりだ。

グレイビー用ストック

仔牛の膝部分から肉を切り落とし、牛の赤身一ポンドと水二クォートと合わせる。塩大さじ一、こしょう小さじ一を加え、ふたをして、肉が柔らかくなるまでとろ火で煮込む。できあがったものをそのまま濾して、こくのあるスープやグレイビー用に保存する。水で薄めると味が落ちる。晩餐の残り物の肉あるいは料理の後で残った半端肉はステーキ、骨、鶏の羽根など種類を問わず、専用の鍋に放り込んでとっておくこと。こうすればわざわざ新鮮な肉を使わずとも保存用のストックができる。便利かつ経済的であり、また野菜を加えていないので腐ることもない。牡蠣のスープ（三るとよい。

二頁参照）を作るときには牡蠣一クォートと牛乳一パイントにこのストックを一パイント程度用い

プレーンビーフスープ

牛の脚かすね肉五ポンド、水一ガロン、塩小さじ一、セロリの茎二本、ニンジン五本、タマネギ三個、カブ四個、トマト二個、香草一束を四時間半煮るのが基本。肉を二つか三つの塊に切り分け、水一ガロンを入れた鍋に入れて火にかける。煮立つまでには肉汁がしみ出してくる。塩をよくふり、アクをとる。とろ火で四時間ほどじっくり煮込む。セロリと小さく切ったニンジン、トマト、薄切りにして炒めたタマネギ、布（モスリン）で包んで口を縛った香草を加える。カブは食卓に出す三〇分前に入れるとよい。ここで煮込んだ肉を主菜として使いたければ、食事の二時間前にスープから取り出しておくこと。野菜はそのまま残しておき、皿に盛る直前に目のつんだ濾し器で濾す。

手早くできるスープ

表面だけローストした肉または焼いたステーキ肉をかなり小さめのぶつ切りにする。紅茶茶碗一杯分の肉に対し一パイント半の熱湯を注ぎ、ふたをして一〇分間、火にかける。調味料で味をととのえる。細かく砕いたクラッカーを入れる。手軽に作れ、滋養もあるので病中病後の人や子ども向けの一品である。

病人向けのプレーンチキンスープ

若鶏を四つに切り分け、水でよく洗う。シチュー鍋に鶏と水一クォート、塩少々を入れる。とろ火で煮てアクをよくとる。レタスの芯一つとチャービル一つかみを加える。一時間煮たらボウルに濾す。火にかける前に、精白玉麦を大さじ二杯加えると栄養満点である。

血をきれいにするザリガニスープ

仔牛肉の赤身を二ポンド、細かくぶつ切りにする。そこにザリガニ三六匹とグリーンチャービル一つかみを加え、ザリガニが粉々になるまで徹底的にすりつぶす。これをシチュー鍋に入れ、井戸水三パイントを注ぐ。塩少々を加え、沸騰するまで火にかける。いったん火から下ろし、そのまま三〇分ほど置いてから再度とろ火で煮込み、一時間たったら濾す。最大の効果を得たければ、このスープ以外は何も口にしないこと。

鶏のホワイトコンソメ

鶏一～二羽を三〇分ほど冷水につけ、血を抜く。水気を切ったら鍋に入れ、たっぷりの水を入れる。煮立ったらアクをとる。ニンジン大一本（小なら二本）、カブ二個、タマネギ一個、セロリの茎一本、クローブ二つ、メース（注3）一かけと塩少々を加える。若鶏であれば二時間、そうでなければ三時間、じっくり煮込む。肉が柔らかくなったら脂を取り除き、濾し器にかける。このコンソメはホワイトスープあるいはホワイトソースの基本ベースとなる。従って、ホワイトスープやホワイトソースが足りないときには水の代わりにこれを足すとよい。

ベイクドスープ

牛肉または羊、香味野菜をみじんに切り、塩、こしょうする。豆一パイントとパトナライス（注4）を加えて、大きめのびんまたは壺に入れる。水四クォートを加え、しっかりとふたをする。びんごとオーブンで焼く。焼き上がったら濾し器で濾し、熱いうちに食卓に出す。

バミセリまたはマカロニスープ

バミセリかマカロニ四分の一ポンドを湯一クォートで一時間ふやかす。良質のスープストックまたは味をつけていないスープ（仔牛、鶏肉、牛でとったもの）を加える。食卓に出す直前に、バターを一さじと煮込んだトマト一パイントを加える。デリケートなスープなので、痛んだ胃にもやさしい。

野菜入りトマトスープ（とてもおいしい）

ニンジン三本、セロリの茎三本、タマネギ四個、カブ二個をすべてみじん切りにする。バター大さじ一、ハム一枚、水半カップを加えてソース鍋に入れ、とろ火でことこと一時間煮る。スープにさらにこくを加えたければ、上質のスープだし（牛骨を水三クォートで肉が柔らかくなるまで煮込んだもの）を二～三クォート加えてもよい。三〇分沸騰させたまま煮込み、よく熟れたトマト一〇～一二個と粒こしょうを六粒加える。さらに一時間ほど煮込む。濾し器か目の粗い布で濾す。スープ用大皿に入れ、クルトンを浮かせる。このスープは家庭向けのエレガントな一品で、新鮮な野菜が出まわる夏にはおあつらえむきである。

家庭用の経済的なグリーンピーススープ（卵入り団子《ダンプリング》添え）

皮つきのイングリッシュグリーンピースを大家族ならば一クォート、ふつうは一パイント用意する。仔牛の骨または鶏半羽を水一ガロンに入れて火にかけ、二時間ゆでる。豆を一パイント使う場合は切り身をあぶり焼きにしたもの、骨、大きめの脂肪かす、あるいは小さめの牛骨髄を適宜入れること。豆をカップ一杯分、布（モスリン）の袋に入れて口を縛り、残りは使うまで冷蔵しておく。袋を火にかけたストックの鍋に入れ、豆に完全に火が通るまでゆでる。豆、肉、骨を取り出し、代わりに残りの豆を入れ、とろ火で煮込む。この間、袋の豆を別の鍋にとり、なめらかになるまでつぶす。そこへ卵二個、牛乳小さじ一、小麦粉少々を加えてこね合わせる。後からゆでた豆にはバター小さじ一と、タマネギの風味が欲しければ小さめのエシャロットを加える。そこに、つぶした豆と卵などをこねたものを小さな団子状に丸めて一つずつ落とす。全体がゆだったらできあがり。

このスープは春のスープとしては絶品で、レタスの芯を入れるとさらにおいしくなる。ただし、レタスを入れた場合は団子を入れる直前に取り出すこと。レタスをスープに長時間入れておくと、スープの色が濃くなりすぎてしまう。

青トウモロコシのスープ（なめらかでおいしい）

まだ青いトウモロコシの粒を少なくとも一パイント分、芯から削ぎ落とす。半時間煮立たせたら、塩小さじ一杯を加えて、丁寧にアクをとる。卵一個大のバターひと塊を加え、好みでこしょうをふる。フレンチロールまたはトーストと一緒に召し上がれ。

牡蠣のスープ（なめらかな舌触り）

牡蠣の水分を切って、牡蠣の汁（注5）一クォートに対し、水または牛乳（牛乳が望ましい）一パイントを加える。塩、こしょう、バター、焼いたパン粉（パン屑を焼いて叩きつぶしたものでもよい）を加える。煮立ったら、液体二クォートにつき一クォートの牡蠣を入れる。数分間煮立たせたら食卓へ。

大人数向けの亀のスープ　その一

亀は調理の前日に頭部を切り落とし、よく血を抜いておく。調理日には次の手順で全体を切り分ける。まず、甲羅、腹部の殻、頭、脚から腸と赤身部分を切り分ける。胆嚢を切らないように注意すること。赤身を熱湯で湯通しし、こびりついた殻をはずし、薄皮をはぐ。食べやすい大きさに切り、水にさらしておく。甲羅と腹部の殻は骨をとりはずしやすいように少量の水で煮る。

赤身肉が人数分に足りないようであれば仔牛の脚とハムを足し、一緒に焦げ目がつくまで煮込む。ここに熱湯および亀のゆで汁（注6）と骨を入れる。輪切りにしたレモン、粒こしょう、パセリ一束、薄切りのリーク二本を加え、塩で味をつける。これを四時間ほど弱火で煮込み、濾す。甲羅、腹部の殻、頭、脚それぞれからとった肉（脚からも骨を取り除いておく）を加え、マデイラワインを半パイント、無塩バター一ポンド、小麦粉小さじ一を加える。薄切りのレモンも加える。二時間ことこと煮込んだら、食卓に出す。

亀を切るときは丹念に脂肪を取り除くこと。準備ができたら大皿に盛る。飾りにするには亀の卵がよい。なければ鶏の固ゆで卵でよい。

亀のスープ　その二

朝早いうちに牛あるいは仔牛八ポンド、ハムかベーコン一ポンド、タマネギ八個をこしょう、塩、香草で漬け込んでおく。これでこくのあるスープを作り、そこに亀のゆで汁を加える。ワイン、各種香辛料、カイエンヌペッパー、ケチャップなどで濃いめの味つけにする。亀の肉を前述のスープその一の手順に従って用意し、これに加える（眼や舌は除いておくこと）。柔らかくなるまで煮込み、セージなどを加えた肉団子を添えて大皿に盛る。カレー粉を加えると、またひと味違った味わいとなる。

プレーンな亀もどきスープ

仔牛の頭をかなり柔らかくなるまでゆでる。頭を取り出してスープを濾し、冷めたら脂肪分を取り除き、翌日まで置いておく。頭と脳みその肉を切り分け、スープに加える。塩、こしょう、メース、クローブ、香草とタマネギを加えて味をつけ、火にかける。一時間煮込んだら白ワインをタンブラーで一杯分加える。次に、肉団子を作る。仔牛の赤身一ポンドと塩漬け豚肉半ポンドを乱切りにする。ここに仔牛の脳みそを混ぜ、こしょう、塩、メース、クローブ、香草、またはカレー粉で味をつける。これを卵の黄身くらいの大きさの団子にまとめる。団子のうち一部はスープで煮て、残りは油で揚げて別の品として食卓に出すとよい。

ゴンボ（オクラスープ）あるいはフィレについての覚え書き

ゴンボはスープの中でも極めつきの一品であり、また台所の余り肉（冷たくなったローストチキンや七面鳥、その他の鳥・鹿肉類）を使い切れるという点で経済的でもある。まずはスープの素材となる鶏肉（またはその他の肉）を切り分け、塩、こしょう、その他香草を加える。鍋で軽く焦げ目がつくまで炒め、肉の分量に合わせて適量の熱湯を入れる。肉（骨なども含め）二ポンドと、半ポンドのハム（または半ポンド以下の朝食用ベーコン）があれば、スープが一ガロンできる。これを煮込むと六人分のゴンボスープができあがる。肉に熱湯を注いだら、その後最低二時間はとろ火で煮込むこと。鍋から大きめの骨を取り除き、オクラ、またはフィレと呼ばれる乾燥した粉末状のサッサフラス（注7）の葉を加える。これでゴンボ特有の風味が出る。ゴンボ六人分ならば薄切りのオクラが一クォートあれば充分である。フィレを用いる場合は一カップでよい。いずれにしてもゴンボスープ独特のなめらかな舌触りが得られることは間違いない。

季節によっては牡蠣、カニ、エビも入れるといっそう味が引き立つであろう。ゴンボは濾してはいけない。まだ青いトウモロコシ、トマト、その他何でも好みで入れるとよい。食卓に出すときはふつうに炊いた米を添える。

カニ、エビ入りゴンボ

牛肉一ポンドとハム半ポンドを、一インチ四方の角切りにする。ラード大さじ二を熱し、肉を焦げ目がつくまで炒める。ここに切り分けた大きめのカニ四杯、または殻をむいたエビ一ポンド（両方でもよい）を入れ、新鮮なオクラを四八本、タマネギ大一個、赤トウガラシ少々、味つけに塩を加える。弱火で二〇分ほど煮込む。そこに全体が二インチ以上隠れるように湯をたっぷり注ぎ、さらに二時間火にかける。濃くなりすぎたらいくらでも水を足してよい。好みで牛肉の代わりに鶏肉を使ってもよい。

手軽なオクラゴンボ

牛肉一ポンド、仔牛の胸肉半ポンドを一インチ四方程度の角切りにする。オクラ三六本、タマネギ一個、赤トウガラシ一本を薄切りにし、肉と一緒に炒める。茶色く焦げ目がついたら水を半ガロン加え、蒸発したらさらに足す。米を添えて食卓へ。

フィレと牡蠣入りゴンボ

鶏一羽、牡蠣五〇粒、ゴンボに香りを添えるためのハム半ポンドを用意する。タマネギ二個はみじん切りにし、ラードで炒め、小麦粉（小さじ一で充分）を混ぜて汁にとろみをつける。鶏とハムを適当に切り分け、タマネギと炒める。全体に焦げ目がつくまでとろ火で炒めたら、熱湯を一パイント加え、鶏肉がばらばらに崩れるまで煮込む。晩餐の半時間前になったら牡蠣と牡蠣の汁を加える。食卓に出す寸前に、フィレ小さじ一強を少量のスープ汁となじませてから加えてかき混ぜる。粘り気が足りないようであれば、もう一さじ分入れてもよい。フィレを入れた後はスープを煮立たせてはいけない。火から下ろし、すぐに食卓に出す。

オクラ入りカニゴンボ

大きめのカニ六杯を冷水に数秒間通す。冷たくなったら脚を切り落とす（柔らかさを残すため、できれば生きている間に切り落とすのが望ましい）。カニをよく洗い、殻も含めて全部を、ラード一カップ、切ったタマネギ一カップ、小さめのパセリ一束、茶色に炒めた小麦粉大さじ二と共に鍋に入れて炒める。一五分ほど炒めたら、熱湯二パイントと薄切りにしたオクラを一クォート入れる。三〇分ほどそのまま煮込み、赤身のハム一枚、上質の仔牛あるいはビーフストック（牛あるいは仔牛二ポンドを二クォートの水で一クォートの分量になるまで煮込んだもの）を一クォート入れる。塩、黒こしょう、赤トウガラシをそれぞれ小さじ一入れ、そのまま三〇分ほど煮込む。牡蠣が旬のときはビーフストックの代わりに牡蠣一クォート、牡蠣の汁二クォートを入れるとよい。

ザリガニのビスク（クレオールならではの一品）

ザリガニを湯通しし、肉の部分を取り出してすり鉢で細かくなるまで擂《す》る。ザリガニは五〇匹ほどが適当である。ここに牛乳に浸したパン（ザリガニの分量の三分の一程度）、バター四分の一ポンド、塩少々、タイム一束、セージ二枚、ニンニク一かけ、みじん切りにしたタマネギ一個分を加える。ザリガニとよく練り合わせ、一〇分間火にかける。固まらないように念入りにかき混ぜること。ザリガニの頭をよく洗い、濃い塩水に数秒漬けてから水を切る。この頭に鍋の中の肉を詰め、全体に小麦粉をまぶしたら、明るいキツネ色になるまで炒める。

シチュー鍋を弱火にかけ、ラードまたはバターを小さじ三、ハムまたはベーコンを一枚、みじん切りタマネギを二個分入れる。そこに小麦粉を振り入れ、脂を吸収させたら、一パイント半の熱湯（ビーフストックだとなおよい）を注ぐ。ここにタイム一束、ベイリーフ一枚を入れ、塩、こしょうをふる。半時間ほど弱火で熱したら、炒めたザリガニの頭を入れ、一五分煮る。米と一緒に食卓に出す。

注1※牛の脚を、タマネギその他の香味野菜や調味料と共にゼリー状になるまで煮たもの。

注2※原文ママ。あと二パイントの水はいずこへ？

注3※ナツメグを覆う甘皮を乾燥させたもので、香辛料の一種。ナツメグより香りが高い。

注4※インド原産の細長い硬質米。

注5※牡蠣の殻から身を取り出した後、残った汁のこと。現代では代用として市販のクラム・ジュースも使われる。

注6※亀のゆで汁については、魚料理の章「亀のさばき方」の項（四七頁）を参照のこと。

注7※北米産の月桂樹科の香草の一種。解熱作用がある。

なぜ生きたままカニをゆでるのか

「何でそんな残酷なことをするのか。でもゆでなかったらどうやって殺す？　首をちょん切ることはできねえ。カニには首がないものな。背中を叩き割ることもできねえ。背中ばっかりだからな。出血多量で死ぬこともねえ。血がないんだからな。脳みそをぶっ刺すこともできねえ。あんたと同じで脳みそがねえからな」

（「アイテム」紙、一八七九年一〇月五日付）

クレオールのことわざから

C'est bon khé crâbe qui lacause li pas tini tête.（C'est à cause de son bon cœur que le crabe n'a pas de tête.）

カニに頭がないのは、カニが善良だからである。【マルティニーク】

（『ゴンボ・ゼブ』一八八五年）

魚料理

魚のフリカッセ

大きな魚はフリカッセにすると美味である。魚を切り身におろし、炒めたタマネギと、パセリ、トマト、少量のニンニクを合わせた漬け汁に漬け込む。これをバターで揚げ、食卓へ。好みでケチャップを添える。

魚の揚げ方

魚を揚げるときはラードよりも、ベーコンあるいは塩漬けの豚肉の脂肪を用いたほうがおいしくできる。内臓を取り除いて水洗いしたらよく拭き、さらにふきんにとって水分をよく吸収させる。ベーコンまたは豚肉の脂肪を使った場合、塩はふらなくてよい。おいしく仕上げるには魚が浮かぶくらいたっぷりの脂を使うこと。魚が脂をよく吸収し、口あたりが柔らかくなるのである。

詰め物をした魚を焼く方法

本書に掲載した中から好みのドレッシング(ソース)を選ぶ。詰め物はバターなどを塗っていない素のままのパン、仔牛肉、フォースミート(詰め物用の肉)など何でもよく、これを魚に詰めてから縫いあげる。フライパンに水一カップ、バター小さじ一を入れ、魚の大きさに応じて三〇分から一時間焼く。塩、こしょうで味をととのえ、茶色く焦げ目がつくまで焼く。

マスの詰め焼き

マスに好みの詰め物を詰めてから、表面全体に深めに切れ目を入れる。フライパンにバターを溶かし、マスを入れる。塩、こしょう、みじん切りのパセリをふって風味をつけ、バターとマッシュルームエッセンス少量か、ケチャップとバターを合わせたものでとろみをつける。五分おきに鍋の中の汁をかけること。焼き上がったら温めた皿に盛る。ソースは魚を焼いたフライパンに少量のワインまたは酢を入れ、鍋の表面にこびりついたかすと混ぜ合わせて作る。これを煮詰めたらさらにバター少量を加えて魚にかける。マッシュルームを入れるとソースにさらに風味が加わる。マッシュルームがなければトマトソースでもよい。

マスのヴェネチア風

内臓を取り、よく洗う。背から切り込みを入れ、パセリ、タイム、バジル、チャイブ（あさつきの類）を細かく刻んでバターと混ぜ合わせたものを詰める。全体に植物油をふりかけ、半時間置いておく。パン粉とみじん切りにした香草をまんべんなくまぶし、煙がたたない程度の中火で焼く。後述のソースの章で紹介する一三番のソース（六一頁参照）がぴったりである。

サバのあぶり焼きスペイン風

サバは背から開き、塩、こしょうをふって、油をすり込む。焼き網を使って中火で焼き、片面に茶色く焦げ目がついたら裏返す。サバが焼き網より大きいようなら切り身にして、一枚ずつ焼くこと。焼きあがったら皿に盛り、バター、パセリ、レモン汁をかける。ソースは前項と同じく一三番がよい。

鮭、マダイなど赤い魚のプロヴァンス風

中くらいの大きさの魚を用意し、内臓を取り、きれいに洗う。表面全体に深めに切り込みを入れ、大皿にのせてマリネ液（薄切りニンジン二本、タマネギ二個、パセリ、ベイリーフ数枚、ニンニク三かけ、塩、こしょうをレモン汁二個分と植物油一ジルに合わせる）にひたひたに漬ける。味がし

み込んだら取り出し、フライパンで四〜五分間焼く。途中でワインとバターをちょくちょくかけること。できあがったら大皿に盛り、冷めないように置いておく。マリネ液にワインを半本分と粉トウガラシを適量入れ、ことことと煮たものを魚にかける。レモン、パセリ、ケイパーを添える。

タラの煮込み

塩水にひと晩漬けておいたタラを熱湯に一〇分間通す。皮を削ぎ落としたら、白身をフレーク状にほぐしてシチュー鍋に入れる。鍋にバター大さじ一、とろみがつく程度の小麦粉と、牛乳をたっぷり加える。これをとろ火に一〇分間かけ、こしょうをふってから温かいうちに食卓へ。固ゆで玉子の薄切りを上に盛り、皿の縁をパセリの枝で飾る。

オーブンで焼きたいなら、同様の手順でひと晩漬け込んだあと湯通ししておく。タラの倍量のアイリッシュポテトを加えて一緒にゆで、つぶす。細かなすり身にしたらバターとこしょうで味をつけ、溶き卵二個、タマネギのみじん切り少々、必要ならば牛乳を加えて混ぜ、最後に大きく平らな小判状にする。表面を包丁の背でなめらかにのばし、オーブンでキツネ色にこんがり焼きあげる。

七面鳥用の牡蠣の詰め物

丸々としておいしそうな牡蠣三〜四ダースを洗い、えらを取る。パン粉をタンブラーで一杯強、牡蠣に加える。ここに、パン粉と同量の上質のビーフスエット（注1）を乱切りにしたものと卵三個を入れてよくこね合わせる。塩、こしょう、バター少々、粉末状のメース小さじ一、カイエンヌペッパー適量を加える。これを小判状に平たく丸め、揚げる。供する際は、七面鳥や鶏のまわりに盛ると美しい。

牡蠣のシャンパン煮込み

銀製のコンロ付き卓上鍋にバター四分の一ポンドを入れ、牡蠣一クォートを並べる。パン粉（焼いたパンを砕き、おろして細かくしたもの）、刻みパセリ適量と塩、こしょう少々をまぶす。薄切りにしたバターを表面が隠れるようにおき、シャンパン一パイントを注ぎ、ふたをして火にかける。普通の鍋やオーブンを使ってもおいしくできる。

オイスタートースト

お昼や夜食向きの手軽な一品。牡蠣一クォートを牡蠣の汁を沸騰させた中にくぐらせ、取り出したら叩くか包丁で切るなどしてなめらかにのばす。そこに生クリームか新鮮なバターを少々、塩、こしょうを加える。薄切りのトーストを熱湯で湿らせ、バターを塗る。バターの上にのばした牡蠣のペーストを塗り、新鮮な薄切りのレモンを一枚ずつのせる。皿にはパセリを飾っておく。あつあつのうちに食卓に出さないと味が落ちてしまうので注意。

牡蠣フライ

大きめの牡蠣をふきんに広げて水分をとる。その間、ラード一カップを底の厚い鍋に入れ、かなり熱くなるまで熱しておく。小麦粉あるいはめん棒で砕いたクラッカーを牡蠣一つずつにまぶし（こぼれるほどたっぷりと）、鍋に入れる。火が通る前に牡蠣が硬くならないよう中火で揚げる。五分くらいたって片面に焦げ目がついてきたら、ひっくり返す。最初に牡蠣を溶き卵につけてからクラッカーをまぶし、揚げてもよい。

仔牛の胸腺と牡蠣のパイ

仔牛の胸腺は肉の中でも最も柔らかい部分である。これを柔らかく煮て、塩、こしょう、バターで下味をつけ、牡蠣二ダースを加える。クリームをカップ一、バター大さじ一、固ゆで卵の黄身二つ、小麦粉大さじ一を混ぜ合わせてとろみをつける。これを深鍋にとり、パイ生地をかぶせてオーブンで焼く。牡蠣の汁分が多ければ、とっておいて焼く寸前にパイにかけるか、焼きあがったパイと共に供するとよい。焼きあがったパイがからからからに乾いてしまうことがあるからだ。

カニのフリカッセ

よく太ったカニ六杯を洗い、生きているうちにはさみと脚を切り落とす。そのまま丁寧に洗い、皿に並べる。タマネギ二個をみじん切りにし、バター大さじ一（ラードとバターを合わせてもよい）で炒める。タマネギが茶色くしんなりしたら、同じく茶色くなるまで炒めておいた小麦粉大さじ一強を加える。刻みパセリ適量と小さめのグリーンオニオン（注2）一個を放り込み、全体に火が通ったら熱湯を一クォート注ぎ入れる。これでベースとなるスープができた。ここでカニを湯がかずにスープに入れ、とろ火で三〇分煮込む。ゆでた米を添えて食卓に出す。カニは湯がくと風味が消えてしまうので、カニにとりかかるときは最後の最後まで生かしておくこと。

亀のさばき方

頭を切り落とし、血をきれいに抜く。胆嚢を壊さないようにして腹部の殻と甲羅を丁寧にはずす。肝臓と、入っていれば卵を、水をはったボウルに入れる。腹部の殻から肉を削ぎ落とせるだけ削ぎ落とし、これも水に漬けておく。腹部の殻を小さめに砕き、徹底的に洗ったら鍋に入れる。ここにかぶるくらいの水を入れ、ベーコン（中級品か脇腹肉を使ったものでよい）を一ポンドとタマネギのみじん切り四個分を加えたら、火にかけ沸騰させる（小腸や大腸を食用にする人もいるが、嫌ならば取り除いてよい）。その後、四時間弱火にかける。なお、肝臓はフライ用にとっておく。

腹部の殻をゆでている間、甲羅をきれいに洗い、こびりついている肉をこそげ落として、とれた肉は覆いをしてとっておく。ひれは湯通しし、きれいに洗う。そして黒い皮をはぎ取り、水にさらしておく。甲羅と腹の殻からとれた肉を小さく切り分ける。ひれも切る。これらに塩をまぶし、覆いをして置いておく。

腹部の殻をゆでていた鍋からベーコンを取り除き、殻にこびりついている肉をこそぎ落とし、汁を濾す（残った殻は捨てる）。濾し汁を鍋に一クォート分戻し、残りはスープ用に保存しておく（前章「大人数向けの亀のスープ　その二」の項参照）。亀の肉の水気を切り、ひれと一緒に濾し汁に入れる。ここにワインを半本分、マッシュルームケチャップ（注3）四分の一パイント、レモンピクルス（注4）を一ジル、クローブ、ナツメグ、塩、こしょうと小麦粉を練り合わせた新鮮なバター一ポンドを加え、とろ火で煮込む。香草類を取り出し、小麦粉でとろみをつけ、これを甲羅にのせたらパイ生地で覆ってオーブンで焼く。焼き上がったら卵を飾る。

「グラニューフリット」または蛙のフライ

蛙は後ろ脚の二本だけを使う。湯で蛙をよく洗ったら、塩水に浸しておく。冷やした酢に蛙を漬け塩少々をふって、一～二時間ねかせる。今度は熱湯につけ、肉を残したまま皮だけをはがす。ふきんでよく拭いて水気をとり、小麦粉をまぶし、刻みパセリをたっぷりと入れたバターかオリーブ油で揚げる。焦げ目がついたら塩、こしょうをふり、カリカリに揚げたパセリを添える。蛙を煮込んでシチューにするならバター、ワイン、溶き卵、細かく刻んだパセリで味をつけるとよい。

テラピン（淡水亀）

カニやロブスターと同様、テラピンも生きたまま熱湯に入れ、甲羅と足の爪がはずれるまでゆでる。ゆであがったら洗い、肉がたくさんついている足の部分が柔らかくなるまで塩水で煮る。ボウルか深皿に入れ、腹部の殻をはがして砂袋、胆嚢、浮き袋を取り、ふわふわしたスポンジ状の部分も切り離す。肉を切り分け、塩、こしょう、カイエンヌペッパー、メースで味をつけ、バターと小麦粉でとろみを加えて火にかける。食卓に出す直前にシェリー一ジルをまんべんなくふりかけ、バターをふんだんに塗った焼きたてのトーストにのせる。


注1※料理用の牛の腎臓・腰のまわりの硬い脂肪を指す。

注2※茎が長く葉の青い、若いタマネギのこと。シャロットともいう。

注3※マッシュルームケチャップについては、「サラダとつけあわせ」の章一一九頁を参照のこと。

注4※レモンのピクルスについては、ピクルスの章一三〇頁を参照のこと。

物干し竿

冷製肉とその盛りつけ方

ミートパイやチキンパイの供し方

きれいな縁取り模様のついたナプキンを、パイ皿よりもひとまわり大きな盆か大皿に置く。その上にパイ皿をのせ、ナプキンの縁を台にした皿のほうに折り込む。ナプキンと台にした皿の間にパセリの枝かセロリの葉を置いて、折り曲げたナプキンを固定するように飾りつける。

冷製肉を美しく盛りつける方法

ローストビーフの冷製を薄切りにし、かぶるほどたっぷりとグレイビーをかけ、ワインかケチャップ大さじ二をかける。グレイビーが足りなければ湯とバターをどっさり、そして茶色に炒めた小麦粉小さじ一を足して、とろ火で煮込む。好みで薄切りのリークとパセリ一束を加えてもよい。マッシュポテトを添えて食卓へ。ブッフ・ア・ラ・モード（牛の煮込み）に劣らない逸品である。

タンの煮込み　アスピックゼリー（だし汁のゼリー）添え

柔らかくなるまでゆでたタンをシチュー鍋に入れ、タマネギ二個、セロリ一本、クローブ四つ、塩、こしょうを加える。タンのゆで汁をたっぷりと入れ、ブランデーをグラス一杯、砂糖大さじ一、メース一かけ、タイム一束、パセリ一束を加える。このまま二時間とろ火でことこと煮る。タンを取り出し、煮汁を濾す。濾した煮汁にコックス印のゼラチン（コップ一杯の水にひたしておいたもの）を加える。これを温めて、タンにかける。冷やして供する。

仔牛、豚、七面鳥料理での詰め物に風味をつける方法

味つけにさまざまな調味料が大量に必要になるときは、持ち合わせの材料で作り置きするのが賢いやり方である。保存するときは必ずきちんとふたをすること。まず、塩一ポンドを完全に水気が切れるまで干し、白または黒こしょうを一オンス挽く。タイム二オンスとスイートマジョラム一オンスは乾燥させて粉末状にする。ナツメグ一オンスもおろし、これらを弱火のオーブンで焼いたパン粉半ポンド、卵三個、バター（またはスエット）四分の一ポンド、細かく刻んだパセリ一カップと混ぜる。

レバーとハムのフォースミート（詰め物）

仔牛の肝臓一つ、あるいは七面鳥（ガチョウでもよい）三〜四羽分の肝臓を用意し、水に漬けておく。脂肪のよくのったハムかベーコンを肝臓と同じ量用意する。肝臓とハムまたはベーコンを適当な大きさに切り分け、ソース鍋でおいしそうな茶色になるまで炒める。塩、こしょう、各種香辛料、乱切りにしたマッシュルーム、パセリ、それにグリーンオニオン三個で風味をつける。柔らかくなったら細かく切るか、ソーセージ用グラインダー（肉挽き器）にかける。このフォースミートはパイにしてもよいし、七面鳥に詰めてもよい。

ミートパイなどに風味をつけるアロマスパイス

メースとナツメグをそれぞれ一オンス、クローブ二オンス、干したこしょうの実（ホールペッパーでもよい）二粒、マジョラムとタイム各一オンス、ベイリーフ半オンスを用意する。水分が残らないよう、次の手順でよく乾燥させる。まず、これらの香辛料や香草を紙に包んで折りたたみ、香りを閉じ込める。弱火のオーブンに入れ、一〜二時間ほど焼いて乾燥させる。叩いてつぶし、ふるいにかける。コルクできっちりふたをして保存する。

トリュフと栗の豚用詰め物

豚のローストにトリュフを詰めた料理が好物の人は多いだろう。トリュフは脂肪分の多いベーコン、仔牛か鶏の肝臓、香草、塩、こしょう、バターと混ぜ合わせる。栗の詰め物は栗六〇個を煎って作る。栗の皮を熱いうちにむき、実を細かく叩きつぶす。ここにバター四オンスを加えて裏濾しする。グリーンオニオン（またはチャイブ）数個、スイートバジル、パセリ、タイムも加える。ナツメグ一個をおろして混ぜ、塩、こしょうをしたら、卵三個を加えてまとめる。豚にこれを詰め、トマトソースを添えて食卓へ。

その他のおいしい詰め物

冷たくなった残り物の鶏肉、仔牛肉、牛肉を各同量用意する。小さくちぎって合わせておく。塩、こしょう、香草、ナツメグ少々で下味をつける。ただしこれは鶏や仔牛など、白身の肉をまろやかな薄味にしたい場合であって、より塩味のきいたものが好みであればハム少々をみじんに切ったものとニンニクを加えるとよい。材料を細かくつぶし（ソーセージ用グラインダーを使用したほうができあがりの見栄えもいいし面倒も少ない）、卵二個、バター適量、骨髄か肉汁を加えてペースト状にのばす。これをメインディッシュとなる肉に詰める。余ったら団子にして小麦粉をまぶし、沸騰したラードで揚げるとよい。サイドディッシュにぴったりである。

タルタルソースの作り方

タルタルソースを作るには二とおりのやり方がある。どちらでも好きなほうを試してみるがよい。急を要する場合は後者の方法が望ましいであろう。

第一の方法。若いタタール人をつかまえる。老いたものは歯触りが悪いし汁気が少ない。タタール人を捕獲するのは一般的に言ってあまり楽しい作業ではないし、困難がつきものだ。若いのをつかまえるには少なく見積もっても一万ドルはかかる。ともすればあなたの生命をも犠牲にするおそれさえある。しかもこれは現場に赴き、実物とやり合う前の段階の話である。しかしながら真にタルタルソースを欲しているのであれば、あらゆる危険を覚悟しなければならないのである。

タタール人を手中にしたらこっそりと隠密に殺害すること。この行為が当局の監視網にひっかからないよう充分注意すること。警察はおそらくあなたの欲求よりもタタール人の人命を重くみるであろうから、極めて慎重に事を運ばなければならない。殺害したら皮をはぎ、内臓を取る。臀部と太股など柔らかい部分を切り落とす。これを三時間煮込み、メキシカンペッパーなど各種香辛料を加えて切り刻む。ここにマルドワイン＊一クォートを注ぎ、蜂蜜のようにとろりとするまで弱火で煮込む。びっくりするほどおいしいタルタルソースができるはずだ。長もちさせるにはサンタクルズ・ラムを少量落とし、密封したびんで保存する。残った部分は保存がきかない。何とかうまく処分しておくこと。

第二の方法は次のとおりである。固ゆで卵の黄身一個、マスタード小さじ一、オリーブ油大さじ一、酢少々、パセリ少々ときゅうりのピクルスを細かく刻み、混ぜる。これだけだ。

(「アイテム」紙、一八七九年一一月一六日付)

＊ワインを温めて甘味、香料、卵黄を加えたもの。

獣肉・鳥類・鹿肉料理のためのソース四五種

一、鴨料理用ソース

大きめのタマネギ六個をゆでる。水を二〜三回替えてゆで、タマネギの苦みを抜く。しんなりしたら乱切りにし、バター小さじ二強、塩、こしょう各少々を加えてソース鍋に入れる。ここへマッシュルームケチャップと酢一カップ、またはワイン一カップのどちらでも好きなほうを加える。

二、鳥料理用ブラウンオニオンソース

タマネギ三個は皮をむき、薄切りにする。バター小さじ一で薄いキツネ色に炒め、小麦粉少々を振り入れて全体を茶色く焦がす。ここに塩、こしょう、ガチョウか鴨の料理ならセージを、鶏やあ

ぶり焼き用の肉ならパセリとタイムを入れる。肉を焼いたときに出た肉汁を一カップ加え、沸騰させたらケチャップを大さじ一混ぜる。

三、マッシュルームソース

マッシュルームの皮をむき、洗う。みじん切りにしてソース鍋へ。水をかぶるまで入れ、柔らかくなるまで煮る。小麦粉と練り合わせたバターを加え、濃いめのソースになるまでよく混ぜる。塩、こしょうをふる。

四、春に出回る仔羊肉用ミントソース

柔らかいグリーンスペアミント（オランダハッカ）一カップを丁寧に洗い、みじん切りにし、砂糖半カップと酢一カップと混ぜ合わせる。

五、ホワイトオニオンソース

タマネギ六個の皮をむき、ゆでる。しんなりしたら取り出す。これを小さめのざく切りにし、温めた牛乳一カップ、バター小さじ一強、塩、こしょうを入れる。好みによっては小麦粉少量を加えてとろみをつけてもよい。

六、プレーンなトマトソース

トマト一二個の皮をむき、薄切りにする。種は取り除く。クラッカー三枚を砕いたものと塩、こしょうを加え、二〇分かきまわしたら食卓へ。

七、クランベリーソース

クランベリーを柔らかくなるまで煮込む。どろどろになったら砂糖を加え、数分ふたをしてから濾す。濾さなくても可。どちらでも好きなほうでよい。

八、レタス用サラダソースまたはドレッシング

固ゆで卵二個の黄身をボウルでペースト状にのばす。マスタードを大さじ一、ホイップクリーム（甘味のついたもの）大さじ一を加える。ここにオリーブ油大さじ二を少しずつ混ぜ入れる。よく混ざったら、生卵の黄身一個分を入れてなめらかにのばし、塩少々、砂糖小さじ一、酢を大さじ一杯半加える。

九、冷製肉用ソースピカント

タマネギ二個を薄切りにし、バターで炒める。シチュー鍋にタマネギとニンジン一本、香草（乾

燥したタイム、マジョラムなど）適量、エシャロット二個、パセリ適量、ニンニク一かけを加えて火にかける。小麦粉小さじ一をまぶす。ニンジンに完全に火が通ったら木製のさじでつぶし、なめらかにしてからスープストックを一カップ入れる。沸騰したら強めの酢を一カップ加える。塩、こしょうで味をつけ、裏濾ししてできあがり。

一〇、バターと小麦粉のソース（ホワイトソース）

バター、小麦粉各大さじ一を練り合わせる。火にかけ、水を一カップ加えて休みなくかき混ぜる。多めに作りたければ、これらが沸騰したところで新鮮なバター四分の一ポンドを加えて手早くかきまわし、またバターが溶けて油が分離しないよう水一カップを入れる。最後にレモン汁一個分を入れてかきまわし、濾したらできあがり。このソースはあつあつのうちに食卓に出したほうがいいので、食べる直前に作ること。長時間置いておくと油っぽくなるので注意する。みじん切りにしたパセリを小さじ一加える。

一一、羊の煮込みなどに合うケイパーのソース

一〇番のホワイトソースを半パイントにケイパー大さじ二、塩少々を混ぜ合わせる。

一二、パセリとバターのソース

一〇番のホワイトソースを半パイントに刻んだパセリ半カップ、レモン汁一個分を混ぜ合わせる。パセリは刻む前に熱湯をかけておくこと。

一三、魚料理向けのレモンソース

一〇番のホワイトソースを半パイントにレモン一個分の汁、レモンの薄切り一個分（汁をしぼったものとは別のものを使う）を混ぜ合わせる。レモンの種を取り除き、ソースを煮立てる。スペインサバやコバンアジを焼いたもの、その他焼き魚にかけると美味。

一四、魚料理向けのオーロラソース

ロブスター一尾の卵に新鮮なバターひと塊を加えて、かなりなめらかになるまで練り合わせる。これを裏濾ししてからシチュー鍋に入れる。塩、カイエンヌペッパーで味をつけ、ホワイトソースとレモン汁小さじ一強を加える。沸騰しない程度の強火でぐつぐつと一～二分煮込む。

一五、ソース・フロワド（冷たいソース）

パセリ、チャービル、タラゴン、チャイブ、バーネット（注1）適量をかなり細かく刻む。これに油大さじ五〜六、またはなめらかになるまですり鉢で擂った固ゆで卵の黄身三個を加える。酢大さじ二、市販のマスタード適量、塩、こしょうを混ぜる。とろりとするまでよくかき混ぜ泡立てたら、ソースボート（船型のソース入れ）に盛る。魚料理にぴったりのソースである。

一六、七面鳥・鶏料理用の栗のソース

仔牛のスープストックを半パイント、栗半ポンド、レモンの皮半個分、生クリームまたは牛乳カップ一、カイエンヌペッパーをごく少量、塩を用意する。栗の殻をむき、薄皮がはがれるまで熱湯で湯がく。これをソース鍋に入れ、スープストック、ごく薄くむいたレモンの皮、カイエンヌペッパー、塩を加える。栗が柔らかくなるまでとろ火で煮る。裏濾ししてから味をつけ、生クリームを加える。沸騰しないよう気をつけ、かきまわしながら数分とろ火にかける。

一七、鶏の煮込み用のホワイトセロリソース

セロリ六本を用意し、緑の葉の部分は切り落として残りをみじん切りにする。これを水半パイントで柔らかくなるまでゆでる。小麦粉小さじ三と少量の牛乳を加え、なめらかになるまでかき混ぜる。さらに小さじ六強の牛乳を混ぜ入れる。塩少々、バター一かけを加える。煮立ったら火から下ろす。

一七の続き、七面鳥用セロリピューレ

セロリの茎六〜七本をみじんに切り、数分間ゆでる。水気を切ってソース鍋に入れ、バター半ポンド、ホワイトスープのストック適量、砂糖少々、塩、こしょうを加える。なめらかになるまで火にかけ、裏濾ししたら再度火にかけ、牛乳か生クリームを一カップ加える。

一八、肉料理用の白いキュウリのソース

キュウリ四〜五本、仔牛のスープストック四分の三パイント、卵黄三個分、カイエンヌペッパーと塩少々を用意する。キュウリは皮をむき、種を取り除く。みじん切りにしたら、ストックと香辛料を加えてソース鍋に移し、弱火で柔らかくなるまでゆでる。ここに卵黄をよく泡立ててから混ぜ入れる。沸騰する寸前まで熱するが、決して沸騰はさせないこと。できあがったらすぐに食卓へ。

一九、卵とバターのソース

卵六個を固ゆでにする。冷めたら殻をむき、溶かしバターを一カップ、小麦粉少々を混ぜ入れて火にかける。塩、こしょうをふる。ここでレモンを加えたり、ウォールナッツケチャップを入れたりするのを好む人もいる。この点については各人の嗜好にまかせるものとする。

二〇、鹿・羊料理用ワインソース

保存用のスープストック鍋からストック一パイントを別鍋にとる。これを半パイントになるまで煮詰め、クローブ一ダース、塩小さじ一、こしょう少々を加えて味をつける。ここにワイン（またはスグリのゼリー）一カップを注ぎ、混ぜ合わせる。

二一、七面鳥または冷製肉用セイヴァリーゼリー

鍋に二ポンドの牛肉を入れる。仔牛か牛の骨があればこれも砕いて入れておく。ただし、骨を加えた場合はゼラチンが溶け出すまで少し時間がかかる。ハムあるいはベーコン半ポンド、各種香草（タイム、バジル、パセリ、マジョラムなど）を加え、最後に塩、こしょうで下味をつける。このまま三～四時間煮る。充分煮込んだら火から下ろし、濾し器にかけ、冷ます。浮いてきた脂肪や沈殿した屑を取り除き、卵三個の白身と殻を入れて澄ませる。メース三かけとワインかレモン汁を一カップ加える。これをもう一度火にかけ、数回沸騰させたら、濾し布を通して濾す。上手にできたら七面鳥の冷製に添えると、まさに絶品である。

ちなみに、このゼリーはフランス料理では「アスピックゼリー」と呼ばれ、これにまさるものはない極上のソースとされている。

二二、トマトソース（こくがあっておいしい）

大きめのよく熟れたトマトを一二個用意し、へたを取り除く。種とみずみずしい果汁をしぼり出す。果肉をシチュー鍋に入れ、さいの目に切った生ハム四オンスまたは四分の一クォート、小さめのエシャロット一二個、タイムまたはパセリを一束加える。バター少々を入れて、トマトが濾し器にかけられるくらい柔らかくなるまで弱火で炒める。このピューレを上等のスープストックなどのスープ一カップと混ぜ合わせ、しぼっておいたトマトの汁も加えて一五分間煮込む。火から下ろしたらそのまま置いて澄ませる。熱いうちに食卓へ。缶詰のホールトマトを使う場合は、最初の手順を省略してよい。

二三、ブラウンオイスターソース

二四番のホワイトオイスターソースと同じ手順で作る。ただし生クリームの代わりに茶色いグレイビーを用いる。

二四、ホワイトオイスターソース

牡蠣三ダースから牡蠣の汁を除き（汁はとっておくこと）、シチュー鍋に入れる。小麦粉と練り合わせてとろみをつけた（スプーンでよくよく練ること）バター半ポンドを加え、カイエンヌペッパー、塩で味をつける。これを牛乳または生クリーム一カップ、および牡蠣の汁一カップでのばす。このまま一〇分間火にかければできあがり。

二五、ゆでた七面鳥用オイスターソース

牡蠣三六粒をシチュー鍋に入れ、牡蠣の汁はボウルに取り分けておく。バター半ポンドと小麦粉を練り合わせたものを牡蠣に加え、カイエンヌペッパーと塩で味をつける。これを牡蠣の汁と一カップの生クリームでのばす。一〇分間煮込んだら七面鳥にかけて食卓へ。

二六、ソースピカント

無塩バター小さじ一強をシチュー鍋に入れる。薄切りにしたタマネギ二個、ニンジン二本、タイム少々、クローブ二つ、エシャロット二個、パセリ一束を加える。好みでニンニク一かけを入れてもよい。ニンジンが柔らかくなるまで煮たら、少量の小麦粉を振り入れる。そのまま五分間あまり煮てから、牛か仔牛のスープストックを一カップと、強めの酢半カップを注ぎ入れる。脂肪分をとって、濾し器にかける。塩、こしょうは煮立っているときに加えること。冷製肉の料理の味を引き立てるおいしいソースである。

二七、スープまたはグレイビー用のストック

仔牛のひざ肉の骨を砕き、そこに牛肉の赤身一ポンドと赤身のハム半ポンドを加える。ここに水を二クォート入れて火にかけ、一クォートの分量になるまでとろ火で煮詰める。グレイビー用であればここにニンジン二本、カブ二個、セロリ（茎）二本を加える。野菜が柔らかくなったら汁を濾して保存する。グレイビーに水を加えると味が落ちるので注意。

二八、卵ソース、レモン添え

ゆで卵六個を用意する。卵が冷めたら殻をむき、薄切りにして溶かしバター一カップを合わせる。塩、こしょうをふり、火にかけて休みなくかきまわす。レモンの汁一個分、あるいは酢、ケチャップなど好みに応じて加える。煮魚と鶏料理のいずれにも合うソースである。

二九、ホースラディッシュのソース

マスタード小さじ一と酢大さじ三、塩少々を混ぜ合わせる。生クリームが手に入れば小さじ二ほど加えるとよい。ここにホースラディッシュをすりおろして加える。とろみがつくまでたっぷりすりおろすとよい。ニンニク一かけをすりつぶして入れたらできあがり。

三〇、ホースラディッシュの保存法

根をすりおろし、強い酢をかけてびんに保存する。ローストした肉によく合う。

三一、ソース・ロバート（ロバートのソース）

大きめのタマネギ四個をみじんに切り、バター三オンスと小麦粉小さじ一で茶色く焦げ目がつくまで炒める。褐色になったら仔牛か牛のグレイビーまたはスープを半パイント注ぎ、三〇分間ことこと煮込む。塩、こしょうで味をととのえる。食卓に出すときはマスタードを中さじ一杯分添えるとよい。

三二、ピカントトマトソース

熟れたトマト六個（種は取り除いておく）をつぶし、シチュー鍋に入れる。ここに、薄切りにしたタマネギとグレイビー少々を加える。このまま火にかけ、水気がほとんどなくなるまで煮込む。さらに茶色のグレイビーを半パイント、残り物の冷たくなった肉を加え、二〇分間火にかける。濾してからカイエンヌペッパー、塩、レモン汁で味をつける。レモン汁の代わりにエストラゴンを漬けた酢を用いてもよい。

三三、クリームソース

バター四分の一クォートをシチュー鍋に入れ、小麦粉大さじ一弱、刻みパセリ小さじ一、みじん切りにしたまだ青くて若いタマネギまたはエシャロット小さじ一を加える。塩、こしょうを各小さじ一ほどと、すりおろしたナツメグ一個分も入れる。これらをよく混ぜ、生クリームあるいは高脂肪の牛乳をグラスに一杯加えて火にかける。銀製のさじでよくかき混ぜながら、沸騰する直前で火を止める。濃くなりすぎたら牛乳をさらに加える。一五分はかき混ぜること。セロリエッセンスを入れると旨みが加わる。ウサギ、獣肉、鳥類の煮込み料理とよく合う。

三四、アップルソース

酸味の強いリンゴの皮をむき、四つ切りにして芯をとる。水少々を加え、火にかけてふたをする。リンゴが柔らかくなったら、なめらかになるようつぶし、豚やガチョウなどのローストにかけて食卓へ。

三五、クランベリーソース

クランベリーを一クォート摘み取り、よく洗っておく。シチュー鍋にクランベリー、水、ブラウンシュガーを各紅茶茶碗一杯分ずつ入れ、ふたをしてじっくりと煮込む。一時間たったら銀製のさじでなめらかになるまでつぶす。クランベリーを冷水に浮かべたボウルに移して、冷めるまで置いておく。豚のローストやハム、七面鳥、ガチョウ料理などによく合う。

三六、ガチョウのロースト用セイヴァリーソース

市販のマスタードを大さじ一、カイエンヌペッパー小さじ半分、ポルトワインを小さじ三用意する。材料を混ぜ合わせ、火を通す。あつあつのソースを、食卓に出す直前のガチョウの腹に流し入れる。セージとタマネギを加えると絶妙このうえない味わいになる。

三七、焼いた桃のソース

熟し切っていない桃をよく洗い、水分を拭き取る。四分の一インチ程度の厚さにスライスする。これを豚を焼いた後のフライパンで炒める。肉に添えて食卓へ。これはサウスカロライナの名物料理である。

三八、つけあわせとしての焼きリンゴ

丸々としたリンゴをよく洗う。皮はむかずに八分の一インチの厚さに輪切りにする。これを熱したラードまたは豚の脂で炒める。豚の焼き肉、揚げ物に添えるとよい。

三九、プディングのためのこくのあるレモンソース

新鮮なレモンを一個、たっぷりの水でゆでる。わらがすっと通るほど柔らかくなったら輪切りにし、その一枚一枚をまた四等分にする。紅茶茶碗に一杯ずつの砂糖とバターを、小麦粉小さじ一強と練り合わせ、レモンに加える。材料すべてをシチュー鍋に入れ、熱湯半パイントを少しずつ加えながらかき混ぜる。このまま一〇分間火にかけ、かきまわし続ける。ナツメグ半個をすりおろしたものをかけて食卓へ。

四〇、ハードソース

バター四分の一ポンドをクリーム状になるまでのばし、ここにグラニュー糖を半ポンド加え、ふわっとするまでよく泡立てる。ワインかブランデーをワイングラス一杯分加えてもよい。ナツメグをすりおろして加える。暑い日なら氷にのせて食卓へ。

四一、ホースラディッシュをソース用に保存する方法

ホースラディッシュが旬の時期に大量にすりおろしておき、強めの酢をいっぱいに入れたびんで保存する。びん一本につきニンニクを一玉入れると、いっそう味わいがよくなる。

四二、おいしい酢の作り方　その一

糖蜜一クォートを雨水（わき水）三ガロンと合わせる。ここにイーストを一パイント加える。四週間そのままねかせ、発酵させる。これで上等な酢のできあがりだ。

四三、おいしい酢の作り方　その二

おいしいピクルスやソースを作るのになくてはならないのが上質の酢である。水一ガロンに粗いブラウンシュガーを二ポンド加え、三〇分間沸騰させてアクをとる。これを桶かびんなどの容器に入れて発酵させる。ここに全粒粉の食パン一枚を入れておく。一～二週間したら酢専用のびんか樽に詰め替える。ふたはせず、虫が入らないようモスリンの布をかぶせておく。

四四、ピクルス用のおいしい酢の作り方

ウイスキー一ガロンにブラウンシュガーを四ポンド、イースト一カップ、水七ガロンを加える。これをデミジョン（注2）やケグ（小樽）に入れる。この作業を四月に行なったなら、一一月にはピクルスに使える酢ができているはずだ。ハエなどの虫が酢に入ると味が悪くなるので、容器の口にモスリンの布をかぶせておく。味がぴりっとし、色が澄んだらびん詰めにする。

四五、おいしくて安上がりな酢の作り方

糖蜜三クォートに雨水を八ガロン加える。これを清潔な樽に入れ、二〜三回よく振る。上質のイーストを小さじ二〜三または固形イーストを二個入れる。樽を温かい場所に置き、一〇日たったら糖蜜を塗った紙（ふつうの茶色い紙でよい）を入れる。紙は短冊状に切っておくとよい。この紙がないと酢母ができないようなので絶対に入れること。ただし水の代わりにウイスキーを用いた場合は紙は不要。

注1※ハーブの一種で、キュウリに似た風味の葉をサラダに使ったり、酢漬けにしたりする。強壮作用がある。

注2※かごにくるまれた一〜一〇ガロン入りの細首の大びん。

クレオールのことわざから

Jadin loin, gombo gaté.（Jardin loin, gombo gâté.）

畑が遠いとオクラは不作。【マルティニーク】

——同義のことわざがクレオール語のどの方言にも見られる。たとえば「成功したければ自分でやりなさい」「自分の持ち場から離れるのは賢いとは言えない」などである。

Si moin té gagnin moussa, moin té mangé gombo.（Si j'avais du moussa, je mangerais du gombo.）

ヒキワリトウモロコシの粥があるならゴンボを食べたい（必需品が揃っていてこそ贅沢もできる）。【マルティニーク】

——moussaはマルティニークの方言ではヒキワリトウモロコシ、あるいはゴンボスープにとろみをつけるのに使われるつぶしたトウモロコシのことを指す。ルイジアナでは米が同じ目的に用いられる。

（『ゴンボ・ゼブ』一八八五年）

アントレ

牛または羊の腎臓《キドニー》とマッシュルームのシチュー

牛または羊の腎臓を薄切りにし、洗って、丁寧に水気をとる。塩、こしょうをして小麦粉をまぶしたら、ほんのりとキツネ色になるまでバターで炒める。プレーンなビーフストックかグレイビーを鍋に入れ、ここに腎臓と乱切りにしたタマネギ一個を加えて三〇分くらい煮込む。さらにマッシュルームを一カップ入れ、一五分火にかける。生のマッシュルームの代わりにマッシュルームケチャップを用いてもよい。その場合は生の半量分だけ加える。

ラムチョップのシチュー　グリーンピース添え

ラムチョップに塩、こしょうをふり、小麦粉をまぶして薄茶色になるまで炒める。できあがって脂肪分が多いようなら、適宜取り除いてスープストック専用鍋に移しておくとよい。炒めたラムチョップに熱湯をかける。これに、グリーンピース一パイントを湯通ししたものを加え、無塩バター小さじ一強を加える。小麦粉小さじ一を振り入れ、全体を三〇分間、とろ火でぐつぐつ煮る。

鳩のシチュー

鳩は骨を取って洗う。パン粉、パセリ、塩、こしょうをバターと練り合わせ、その中に詰める。小麦粉をまぶし、鍋で茶色くなるまで炒める。ここにバターとストック（またはグレイビー）少々を加える。柔らかくなるまで弱火で煮込む。グレイビーが濃すぎるようであれば、皿に盛る前に、ワインをグラス一杯加える。ワインが嫌ならストック少量でもよい。

雄牛の胃《トライプ》のマッシュルーム添え

調理を始める前に、雄牛の胃をよく洗い、熱湯にくぐらせておく。白く柔らかくなったら、揚げやすい大きさに切り分ける。塩、こしょうをふり、パン粉あるいは砕いたクラッカーをまぶす。これを熱したベーコンの油に落として揚げる。両面に茶色く焦げ目がついたら取り出す。フライパンに残った揚げ油少量に小麦粉少々と上質の酢をワイングラス一杯分混ぜて、グレイビーを作る。これを揚げた胃のまわりに注ぎ、マッシュルームを添えて食卓へ。

羊の薄切り肉のソテー　マッシュルーム添え

羊の薄切り肉をソテー、つまり茶色く炒める。脂肪が溶け出したらワインをグラス一杯、マッシュルーム一二個、みじん切りにしたトリュフ三オンス、ブロスまたはストック（野菜の入っていないもの）を一カップ加える。とろ火でことこと煮て、レモン一個分の汁を加えたらできあがり。

サンドイッチ（絶品）

無塩バターを半ポンド、ミックスマスタードを大さじ三、オリーブ油大さじ三、塩、こしょう少々と卵黄一個分を鍋に入れ、火にかける。そのままとろみがつくまでかき混ぜる。できあがったら火から離し、冷ましておく。タンかハムをみじん切りにする。パンを薄切りにし、冷ましておいたドレッシングを塗り、ハムあるいはタンをのせる。上にもう一枚パンをのせてサンドイッチにしたら強く押し、耳を切り揃える。くるりとカールさせたパセリを飾って食卓へ。

ピクニック向けの各種サンドイッチ

サンドイッチは市販のパンより自家製のパンで作ったほうがうまく切れるものだ。おいしいサンドイッチが食べたければ家で一斤焼くのがよいだろう。バターつきサンドイッチを作るには、パンをごくごく薄くスライスし、無塩バターを均等に塗り、バターを塗った面同士を合わせればよい。

皿に円形に盛り、上にパセリを飾る。間にはさむものは、チーズや固ゆで卵の薄切りまたはみじん切りがよい。一番おいしいのはゆでたスモークタン（またはハム）をフレンチマスタードとバターを塗ったパンではさんだサンドイッチである。

フレンチマスタードの作り方

最高級のマスタード一オンスを皿に盛り、塩と、ニンニク一かけかエストラゴンの葉二〜三枚を加える。ニンニクはみじん切りにしてマスタードと混ぜ、適当なとろみがつくまでよくかき混ぜる。

朝食用の仔牛のハッシュ（美味）

ひと口大に切った仔牛肉を一パイントカップいっぱいに用意し、小麦粉小さじ一をまぶす。ここに卵一個大のバターを混ぜ、水半パイントを加えてふたをし、火にかける。少なくとも一時間はとろ火にかけ、ときどきかき混ぜる。さらにパセリと香草を適量加える。食卓に出す直前に牛乳を紅茶茶碗一杯分加え、トーストしたパンにかけて供する。

昼食向けの仔牛のサラダ

仔牛の挽き肉を一ポンドにセロリの茎三本を用意する。これらでサラダを作り、ドレッシングをかける。ドレッシングは固ゆで卵の黄身四個、ドライマスタードを大さじ一、オリーブ油小さじ一強を混ぜ合わせて作る。これらをよく泡立てて、なめらかになったら、分離しないようゆっくりと上等のワインビネガー大さじ四、カイエンヌペッパー少々、塩を混ぜればよい。皿をパセリとセロリの葉で飾る。

昼食またはお茶の時間のための仔牛のローフ

冷たくなった仔牛のローストをできるだけ細かく挽く。ここに、脂肪分が多めのハムを仔牛の四分の一の量、パン粉または砕いたクラッカーを一カップ、つなぎのためによく溶いた卵二個を加える。塩、黒こしょう、赤トウガラシで味をつけ、よくこねたらミートローフ形にまとめる。表面に卵黄一個分を塗り、細かく砕いたクラッカーをまぶす。半時間オーブンで焼き、仔牛の骨などで作ったグレイビーを添えて食卓へ。グレイビーはあつあつを添えること。

仔牛または豚の脳の揚げ物

脳を塩水で洗う。よく拭いて水気をとったら、小麦粉か溶き卵をつけてパン粉をまぶす。バターかラードで揚げる。調味料は塩、こしょうとレモンの薄切りがよい。

仔牛の頭の煮込み（またはオーブン焼き）

頭をきれいに洗い、白くなるまで塩水に漬けておく。眼をくりぬく。タンは切り離し、塩をふっておく。脳も別の料理に使えるようとっておく。頭を煮るにあたっては、ぬるま湯をはった鍋に入れ、かなり柔らかくなるまで火にかける。ソースはバター、小麦粉、水、レモン汁、トマトを合わせて作る。オーブン焼きにするなら小麦粉をまぶし、バター少々をのせ、塩、こしょう、香草で味をつけて、熱いオーブンに入れる。仔牛の煮汁をときどきかけながら焼く。

冷たくなったローストチキンのカレー

タマネギ大二個、リンゴ二個、バター二オンス、カレー粉またはカレーペーストを中さじ二、グレイビーかストックを半パイント、レモン汁小さじ一、トマト二個を用意する。冷たくなったローストチキンとタマネギを明るい茶色になるまでバターで炒める。リンゴは煮るか一緒に炒めておく。材料全部（タマネギ、リンゴ、グレイビー、チキン、トマト、カレー粉、レモン汁）をシチュー鍋に入れ、三〇分煮込む。ゆでた米を添えて食卓へ。カレーペーストを使うならレモン汁は不要。

「ウェールズのウサギ」という名のチーズトースト

チーズ一ポンドを四分の一インチ程度の厚さにスライスし、バターで五分くらい炒める。ここによく溶いた卵二個、マスタード少々とこしょうを加える。よくかき混ぜて、熱いうちに食卓へ。バターを塗ったパンの上にかける。

ベークドビーンズと豚肉の冬の料理

かなり胃に重いが、栄養満点の一品である。経済的でもあるので調理法を知っておくと重宝するはずだ。まず豆を摘み、よく洗ったら、たっぷりの水にひと晩ひたしておく。翌朝、水気を切り、水をいっぱいにはった鍋に入れる。火にかけて、柔らかくなるまで弱火でゆでる。火から下ろし、水気を切る。完全に水気がなくなったら、オーブン用の鍋に大きめの塩漬け豚肉ひと塊と一緒に入れる。豚は深く切り込みを入れ、豆の中に完全に埋まるようにすること（豆の上にのせてはいけない）。ここに熱湯を注ぎ、茶色く焦げ目がつくまで焼く。何度も水を替えて豆を調理すると豆の味がいっそう引き立つばかりでなく、食後の胃腸のガス抜きをやや抑える効果もある（注1）。

注1※アメリカでは、豆は日本でいうサツマイモを食べたときと同じ生理現象を引き起こすとされている。

狩猟期

羊肉・牛肉・ハムの料理

肉のゆで方についての覚え書き

生のままであろうと塩漬けであろうと、燻製であろうと乾燥したものであろうと、肉をゆでるときは常に水からというのが鉄則である。乾燥した肉はゆでる前に水でもどしておくこと。肉類（鳥肉も含む）を柔らかく煮るコツは、火にかけている間、丁寧にアクをとることである。

詰め物をしたハム（豚のもも）

燻製ハムは香辛料や香草を詰めるのに適している。逆に言えば、塩味のあるハムには香辛料と香草しか合わない。パンやクラッカー、牡蠣を詰めると、食べる前に塩味が効きすぎてしまうのである。ハムに詰め物をする際には、前述の「冷製肉とその盛りつけ方」の章「ミートパイなどに風味をつけるアロマスパイス」の項（五三頁）を参照して香辛料の準備をすること。ハムはひと晩水に漬け、切り込みを入れてから三〇分煮て表皮を柔らかくする。鍋から取り出し、全体に再度むらなく切り込みを入れ、そこに香辛料を刻んですり込めるだけすり込む。最後に表皮で切り込みを隠す。準備ができたらゆでる。この際、野菜を入れるなどするが、詳しくは別項「ハムのゆで方」を参照すること。

ハムのオーブン焼き

ハムを水につけてきれいに洗う。タマネギ、クローブ、パセリ、香草を加えて、だいたい火が通るまでゆでる。ゆで汁に入れたまま冷ます。冷めたら表皮をはがし、オーブンの入口近くの前方に置く。砂糖少々とパン粉を全体にまぶし、茶色く焦げ目がつくまで焼く。温かいうちに食べたければ野菜と酸味のあるソース、またはソースピカントを添える。冷製の場合は前述のソースの章で紹介した二一番のセイヴァリーゼリーを添えるとよい。

ハムのゆで方

ハムの骨の脇の最も肉厚の部分に包丁か串を走らせる。抜いた包丁に汁などがつかず、きれいなままだったら上等のハムである。悪臭がしたり包丁がべとべとしているようであれば古いハムである。この原則にのっとってハムを注意深く吟味し、新鮮なハムを選んだら、丁寧に洗ってから水にひと晩漬けておく。朝になったら、ハムが隠れるくらいたっぷりの水を鍋にはって火にかけ、沸騰する寸前にハムを入れる。そのままとろ火でゆでる。一時間ほどゆでたら、ニンジン二本、タマネギ四個、セロリの茎二本、パセリ一束、メース二〜三かけ、クローブ四つを入れる。ハムの塩気がきついようなら、香味野菜を入れる前に水を替えるとよい。柔らかさを保つためには、沸騰させずにとろ火でことこと煮ること。火力が強すぎると肉は硬くなる。特に塩気のある肉は硬くなりやすい。できあがったらゆで汁に漬けたまま冷ます。こうすれば汁気が残るからである。冷めたら取り出し、皮をはぎ、砂糖をまぶす。これをオーブンで茶色く焦げ目がつくまで焼くか、熱したシャベルを押しあてて砂糖を焦がす。

牛肉のドーブグラッセ（夕食用の冷製料理）

分厚い牛のもも肉を用意する。四〜六インチの厚さが最適である。穴をあけ、塩漬けの豚肉かベーコンを差し込む。豚肉やベーコンは事前に塩、こしょう、砂糖、酢、刻みパセリ、みじん切りのニンニクごく少量をすり込んでおくこと。寒い日であれば、このまま翌日まで置いておいたほうがよい。

仔牛の脚を二本か豚の脚四本を、肉がばらばらになるまでゆでる。ゆだったら骨は取り分け、ゆで汁は濾してゼリー状になるまで置いておく。または氷にのせてゼリー状にしてもよい。翌朝、ゼリーの半量を大きなシチュー鍋に入れて牛肉を加え、さらに上から残りのゼリーをかぶせる。香りが逃げないようにパイ皮をかぶせるか、なんとか工夫してきっちりとふたをしておくこと。これを四時間火にかける。できあがったら取り出して、肉汁をかけ、またゼリー状になるまで置いておく。軽い夕食やカトリックの断食日の軽食に向く冷製料理である。

ステーキ肉を炒めながらにしてあぶり焼きの味を出す方法

かまどの火が弱くなっていて、石炭が切れているときに限って、ステーキを焼かなければならない事態に陥ることがある。やむを得まい。料理用ストーブ（注1）に焚きつけを入れてさっと火をおこす。フライパンを火にかけバター少々を入れる。熱くなったらステーキを並べる。ふたをして、手早く火を通す。バター適量、塩、こしょうを別鍋で合わせ、ステーキが焼きあがったらこれに数分漬けて、食卓へ。塩は肉を硬くし、肉汁を流し出してしまうので、焼きあがるまでふらないこと。

ストーブでローストビーフを作る方法

指示を守ってきちんと作れば、戸外で焚き火などの強い火力で焼いたのと同じくらいおいしいローストビーフを料理用ストーブで作るのも不可能ではない。まず、肉にロースト用の下ごしらえをする。塩、こしょう、好みでタマネギ少々も加えて下味をつける。マフィンスタンド（注2）か調理用の三脚の五徳に肉をのせ、下には肉汁受け用の鍋を置く。肉汁受けの鍋には一パイントほどの湯を入れておき、焼いている間、ここから肉に汁をかける。オーブンを熱くし、肉を入れる。火が通りはじめたら、長柄のさじで肉汁をかける。一五分おきにかけるのが望ましい。肉汁が減ったら焦げつかないように熱湯を足すこと。肉一ポンドにつき焼き時間は一五分みておく。ただし生焼け（レア）が好きならこの限りではない。取り出す三〇分前に小麦粉を厚めにまぶし、さらに肉汁をかけて全体に茶色い焦げ目をつける。肉を取り出し、小麦粉適量をさらにまぶし、必要なら味をつける。肉汁には水一カップを足し、ひと煮立ちさせたらソース入れに濾し入れる。

羊の脚の煮込みイギリス風

肉づきのいい新鮮な羊の脚を選び、湯に入れて火にかける。沸騰したらアクをとり、二時間半じっくり弱火で煮込む。湯には塩大さじ一を入れておく。できあがったら、カブをつぶして生クリーム、バター、塩、こしょうを混ぜたもので飾り、前述のソースの章で紹介した一一番のケイパーソースをソース入れに入れて添える。

羊の鹿肉風味

仔羊か羊の後ろ脚二本を用意する。ブラウンシュガー、ワイン半パイント、酢半パイントをまんべんなくすり込む。寒い季節ならこのまま一～二日漬けておく。調理する日になったら肉を洗い、よく水気を切ってからローストする。あるいはステーキ大に切ってステーキにしてもよいし、鹿肉のようにパイを作ってもよい。砂糖は優れた保存料であると同時に、塩を使うより香ばしい風味を引き出す。逆に塩は柔らかい肉を硬くしてしまったり、羊や仔羊の肉汁を流し出してしまう。

注1※本書における「ストーブ」とは、上段がコンロで下段が現在でいうオーブンになっている料理用ストーブを指す。
注2※皿やティーポットをのせられる棚つきのスタンドのこと。

クレオールのことわざから

Bouki fait gombo, lapin mangé li.（Le bouc fait le gombo, le lapin le mange.）

ゴンボを作るのはヤギ、食べるのはいつもウサギ。【ルイジアナ】

——このことわざはクレオールの動物寓話で見つけた。寓話は数も豊富で、内容的にも大変面白い。クレオールの動物寓話にはすべて“Compè Bouki épis Compè Lapin”（父さんヤギと父さんウサギ）という題がつけられている。寓話では『リーマスおじさんのお話』＊と同じく、ウサギは常に勝者として登場する。

（『ゴンボ・ゼブ』一八八五年）

＊『リーマスおじさんのお話』はアメリカ南部が舞台の、黒人のおじいさん（リーマスおじさん）を語り部としてウサギとキツネが登場する寓話集。

「何だ、これは？」

鶏・鳥類・鹿肉料理

田舎風フライドチキン

丸々とした若鶏一羽をさばき、塩、こしょうをふったら、小麦粉をまぶして置いておく。この間、フライパンにラード一カップと脂肪分の多いベーコンを数枚入れる。ラードをかなり熱くなるまで熱し、そこに切り分けた鶏二〜三切れを放り込む。このとき、鶏を入れすぎてひっくり返す余地がないという事態に陥らないように、間隔をあけて入れること。火が通ったら素早く皿に盛るが、そのまま皿は湯に浮かべておき、グレイビーを作っている間に鶏が冷めないようにする。鶏を炒めたフライパンから適量の油を別のフライパンにとり、小麦粉を加える。きれいなキツネ色になるまで炒めたら、新鮮な牛乳一カップを少しずつ入れていく。ぶつぶつと泡が立つまで火にかけ、ここに鶏を入れて三分間そのままにすればグレイビーができる。鶏にソースをからめないほうがよければ、まずグレイビーを皿にしき、その上に鶏を盛ってもよい。

詰め物をした鶏の煮込み

鶏をロースト用にひもでまとめ、中に詰め物をする。小麦粉をまんべんなくまぶしてから、熱湯の入った鍋に入れる。この鍋を五分間火にかけたら火から下ろす。こうすれば鶏の皮が破れずにすむ。下準備がすんだら、今度は鶏の年齢と重さに応じてじっくりと弱火で煮込む。年齢がいった鶏は若鶏の二倍の時間、火にかけなければならない。重さ一ポンドにつき一五分煮込むこと。アクがあがってきたらすべて丹念にとり、できあがったら固ゆで卵のソースかパセリ、オイスターソースを添えて食卓へ。この調理法ならば大きめで年のいった鶏をおいしく食べることができる。高齢の鶏をオーブンで焼くと肉が硬くなりがちだが、煮込めば柔らかくなるし、また栄養分も引き出せるのである。

チキンカレー

鶏を切り分け、煮込み料理の要領で煮込む。できあがったらカレー粉を大さじ一加える。米を添えて食卓へ。

王妃風チキンパイ

鶏を二羽、フライ用に切り分ける。パイ皿に仔牛肉を小さく切ったものを並べ、その上に脂分の多いハム薄切り一枚をのせる。ここに鶏を置き、隙間に固ゆで卵の黄身をいくつか置く。バター、小麦粉と水または牛乳で作ったホワイトソース半パイントを鶏にかけ、乱切りにしたマッシュルーム一カップ、パセリ、塩、こしょうで味をつける（マッシュルームとハムを省略してもおいしいパイはできるが、こくがでない）。パイ皿に良質のパイ皮をかぶせ、一～二時間オーブンで焼く。

骨を抜いた七面鳥

仔牛の白身肉一ポンドに脂肪分の多いベーコン一ポンドを加えてぶつ切りにする。マッシュルーム、パセリ、塩、こしょうと香草一束をみじん切りにして加え、濃いめの味つけにする。すり鉢で擂るか、ソーセージ用の肉挽き器を使うとうまくみじん切りにできる。これに卵黄三個分を加え、ボウルに入れて使うときまでとっておく。トリュフ一ポンドの皮をむき、ゆでたスモークタンと脂肪の多いベーコン一ポンド（または仔牛肉か仔牛の乳腺）を乱切りにしておく。

次に、七面鳥一羽の骨を抜く（あるいは去勢鶏か鶏二羽でもよい）。脚と翼の内側から皮をきれいにはがす。骨を抜いてくたっとした状態になったら、背中の皮を下にしてナプキン（ふきん）の上に広げ、胸の厚い部分から肉を薄く切って肉の薄そうなところに移動させ、肉の厚みができるだけ均等になるようにする。塩、こしょうで薄く下味をつける。

七面鳥の上に、用意しておいた仔牛の詰め物を一インチ程度の厚さに広げる。次にタン、ベーコンあるいは仔牛肉を広げ、さらにトリュフを一層、さらに詰め物をもう一層広げる。これを肉が隠れるか、あるいは皮が支えきれるまで繰り返す。最後に背中を縫い合わせる。クッションやローリーポーリー（注1）を縫うときの要領で、おしまいの部分を縛る。この作業をうまくやるには、まずナプキンにバターを塗り、皮とナプキンをぴったりとくっつけること。火を通すと肉がさらに柔らかくなるのでナプキンできちんと支えてやらなければならない。全体をきつく縛り上げたらシチュー鍋に入れる。さらに、骨その他手近にある仔牛肉や鶏などの半端肉も入れ、ゆでた仔牛の脚二本またはゼラチン一オンス、クローブ四つを刺したタマネギ二個、パセリ一束、エシャロット六個、スイートバジル一束、タイム一束、メース二かけ、こしょうの実一ダース（あるいは粒こしょう）を加える。全体にワインかブランデー半パイントをかけて湿り気をつける。これを温め、仔牛のストックを全体が隠れるまでたっぷり注ぐ。二時間半、とろ火でぐつぐつ煮込む。

煮込んだら、縛っておいた七面鳥（ゼラチン状になっているはず）を冷ましてから取り出し、重石をのせる。鍋のストックまたは肉汁は、上のほうで固まっている脂分を取り除いてから卵を加え、澄んだ状態にする。七面鳥のゼラチンがかなり冷めたら重石を取り、ナプキンから出して拭き、皿に盛る。澄ました肉汁はざるで濾し、氷の上で冷ましておく。これを七面鳥のまわりに飾る。この時点で肉汁はすでに固いゼリー状になっているはずである。柔らかいようなら、もう一度氷にのせて冷やし固める。

七面鳥やガチョウ、去勢鶏、キジ、ウズラなどのゼラチンはすべて同じ手順で作れる。このレシピは確かな筋から手に入れたものなので、誰が作ってもまず間違いなくこの絶妙な味のゼラチンを口にできる。私の知る限り、この料理はアメリカの料理本では伝えられていない。実を言うと、私はヨーロッパのやんごとなき方々に仕えていた料理人からこれを教わったのだ。

野生の七面鳥

七面鳥が年をとっているか硬かったら、あらかじめ一時間ゆでておくこと。これに牡蠣、パン、バターを詰め、塩、こしょうをふる。オーブンで、バターと七面鳥から出た汁をかけつつ焼く。グレイビーソースは牡蠣（またはマッシュルーム）一パイントを鍋に入れ、生クリーム（または牛乳）一カップ、塩、こしょうを加えて作る。熱いうちに七面鳥に添えて食卓に出す。

ペリゴール風七面鳥のロースト

この料理のためには質のよい若い雌の七面鳥を選ぼう。首の後ろに切り込みを入れ、ここから内臓を取り出す。こうしたほうが他の部分から切るよりも見た目がよろしい。肛門は、切り落としてから太い糸で縫い合わせておく。毛は毛焼きし、脚はもし表皮が黒いようであればそれを落とすために湯がく。首は付け根から切り落とし、餌袋はそのまま残す。この作業をいとも簡単に行なう料理人もいるが、多くの人にとっては面倒この上ないものである。胸の骨は砕いて抜きとる。七面鳥に塩少々をふり、詰め物を用意している間、覆いをしておく。

七面鳥が大きければトリュフ三ポンドを洗う。小さければ二ポンドで充分。トリュフの皮をむき、薄切りにする。これを湯通しする。脂肪のよくのったハム（またはベーコン）二ポンド、仔牛の肝臓四分の一ポンド、七面鳥の肝臓を加える。塩、こしょう、ナツメグ、刻んだタイム、ニンニク一玉を入れる。これを全部シチュー鍋に入れ、一時間ほど弱火にかける。木製のさじでときどきかきまわす。一時間たったら全体をすりつぶして冷ます。冷めたら、これを七面鳥にいっぱいに詰める。餌袋の中にも詰めるのを忘れないように。詰め口を丁寧に縫い合わせ、ひもで縛る。翼を胴体に串かひもで固定させたら、急を要するのでない限り、翌日までこのままねかせておく。ローストする際は、トリュフの缶汁にバターを加えたものをかけながら焼く。

鴨（野生のもの・飼育されたもの）

飼育された鴨の調理法は、若いガチョウの調理法と同じである。つまりパン、バター、塩、こしょう、またはつぶして下味をつけたアイリッシュポテトを詰めればよい。野生の鴨は太っていて、脚が短く、しなやかである。雌のほうが柔らかい。湯通しせずに、内臓を取って毛焼きをする。内臓を取ったら内側を布でよく拭く。塩、こしょうを外にも内にもよくすり込む。パンとバターをいっぱいに詰める。少しでも悪臭がするようならタマネギを詰め、焼いている間に何度も肉汁をかけること。詰め物をする前に、タマネギを入れた水を沸騰させた中で、よく湯がいておくとよいだろう。そして水を切ってから詰め物をし、焼く。

フライパンに紅茶茶碗一杯分のバターを入れ、鴨を焼く。焼いている間にバターを頻繁にかける。ほぼ焼き上がったら全体に小麦粉をまぶし、きれいな茶色に仕上げる。ソース用に内臓をゆでる。鴨を焼いている間に、ゆでた内臓を細かく刻み、塩、こしょうと茶色く炒めた小麦粉小さじ一強を加える。ワインをグラスに一杯とスグリのゼリー小さじ一強を温め、内臓と合わせて鴨に添える。またはソース入れに入れて別々に出してもよい。お好みで。

鴨とグリーンピースの煮込み

鴨は翼を串で刺すかひもで縛ってまとめ、そのまま食料貯蔵庫にねかせておく。バター二オンスをシチュー鍋に入れ、火にかける。ここに小麦粉大さじ二を混ぜ入れ、茶色あるいは淡い黄土色になるまで炒める。仔牛のだしか肉汁（または鴨か鶏のゆで汁）一パイントを注ぐ。熱しながらかき混ぜ、沸騰したら鴨を入れる。このまま三〇分、または火が通るまで煮る。ここにグリーンピースを一クォート、みじん切りのタマネギ一個、パセリ一枝を加え、全体に火が通るまで弱火で煮込む。パセリと鴨を取り出し、肉汁が多すぎるようであれば少量になるまで煮詰める。皿に盛り、グリーンピースと肉汁をかけて食卓へ。

野生のガチョウ

野生のガチョウにはパン、バター、そしてぴりっと刺激のある薬味（タマネギ、カイエンヌペッパー、マスタードなど）少量を詰める。焼き加減はレアがよい。

チポリータ風栗添えガチョウ

他の鳥と同じ手順でガチョウの下ごしらえをする。詰め物として、大きめの栗六〇個を湯がいて皮をむき、シチュー鍋に入れる。ここにバター二オンス、みじん切りにしたタマネギ一個、パセリ一束を加える。全体をさらに細かく砕き、よく混ぜ合わせてから、肉のだし一パイントを入れて煮込む。これをガチョウに詰めて焼く。残った肉汁をさらに煮詰め、オレンジ二個分の汁、スグリゼリー半ポンド、レモンの皮一個分を加える。ガチョウを食卓に出すときに、このグレイビーをまんべんなくかける。

猟獣肉各種

南部の猟獣肉で一番おいしいのは鹿肉である。臀部の肉や鞍下肉はふつうローストで食べる。ローストする際は焦がさないように細心の注意を払い、頻繁にひっくり返し、肉汁をかけること。また、脂肪は厚手の白い紙で覆っておくこと。だいたい火が通ったら紙を取り、クラレット（注2）、バター、小麦粉を加える。鹿のローストに添えるものといえばスグリゼリーである。ローストするときに、クラレットよりもスグリゼリーを加えるほうが好みという人もいる。

鹿肉のステーキ

鹿肉のステーキは油で炒めても、あぶり焼きにしてもおいしい。あぶる場合は塩、こしょうとバターで下味をつけ、よく熱した焼き網でさっと焼く。肉の脂肪分が少なければ、ワイン、小麦粉、バターでグレイビーを作る。あつあつのうちに食べる。

リスまたは若いウサギのパイ

若いリスかウサギ二～三羽を切り分けてソース鍋に入れ、バター二オンス、乱切りにしたマッシュルーム一つかみ、パセリ一束、乱切りにしたエシャロット二個を加える。塩、こしょう、タイムその他の香草少々で調味する。肉が明るい茶色になるまで炒める。ここに白ワインをグラス一杯、仔牛か鶏の茶色い肉汁を半カップ、レモン汁半個分を混ぜる。火の上で一五～二〇分ざっとかき混ぜたら下準備は完了。肉汁がなければ、新鮮な牛乳一カップと卵一個大のバターの塊を加えること。パイ生地を鍋にしき、煮込んだウサギを入れ、上にもパイ皮をかぶせる。明るいキツネ色になるまで焼き、食べるときはあつあつでも冷製にしてもよい。鹿肉に劣らぬおいしい一品である。

野ウサギまたは飼いウサギのロースト

野ウサギも飼いウサギも、耳が柔らかければ若い証拠である。まずは内臓を取り除き、何度か水を替えてよく洗う。詰め物はすりおろしたパン粉、スエットかバター、みじん切りタマネギ一個分、ウサギの肝臓をぶつ切りにしたもの、すりおろしたレモンの皮一個分で作る。これを卵とクラレットでしっとりとさせ、ウサギに詰めて縫い合わせる。バターをかけながら二時間焼く。グレイビーは流れ落ちた肉汁を鍋にとり、生クリームか牛乳少々と小麦粉を混ぜて作る。若くないウサギならことこと煮込んでシチューにしたほうがよい。香草、ワイン、水、乱切りのタマネギを加え、小麦粉とバターでとろみをつける。

ウズラ

ウズラはローストにしてもあぶり焼きにしても美味である。トーストに添えて出す。焼くときには、ウズラから出る肉汁を頻繁にかけること。

鳩のパイ（絶品）

鳩を六羽用意し、翼を胴体に串あるいはひもで固定する。鳩の肝臓、ベーコン少々、バター、パセリ、砕いたクラッカーかパン屑を中に詰める。塩で下味をつける。パイ皿の底に仔牛肉か牛肉の薄切りをしき、みじん切りのパセリ、マッシュルーム、塩、こしょう、バターで風味をつける。ここに鳩をのせ、パイ皮をかぶせる。鳩と鳩の間に固ゆで卵の黄身を二個ずつおくこと。またパイがからからに乾燥しないように、グレイビーをたっぷり加えること。プレーンなビーフストックか水を加えるのでもよい。なお、グレイビーには鳩と牛肉をパイ皿に入れる前に少々ゆで、そのゆで汁を使えばよい。

注1※ずんぐりした起きあがりこぼしのおもちゃのこと。
注2※ボルドー産の赤ワインの総称。

長い長い話

野菜料理

アイリッシュポテトのつぶし焼き

ジャガイモは皮のままゆでる。熱いうちに皮をむき、無塩バター、牛乳少々、塩、こしょうを加えてつぶす。ここまでは単なるマッシュポテトであるが、さらにナイフの背を使ってなめらかにしてから、オーブンでほんのり茶色く焼くといっそうおいしくなり喜ばれる。オーブンに入れっぱなしにしておけば、いつ来客があっても温かいまま出すことができ、大変重宝する。

パフ

おいしいジャガイモのパフを作るには、まずジャガイモ七〜八個をつぶしてなめらかにする。これに卵二個をよく泡立てたものと溶かしバター大さじ二、牛乳一カップを混ぜ合わせる。フライパンに落とし、強火で焼く。

フライドポテト

食べる人みんなに充分行きわたる量のジャガイモを洗い、皮をむく。スライサーでかなり薄めにスライスする。鍋にラードを熱し、ジャガイモを落としていく。茶色く焦げ目がつくまでそのままにしておく。網じゃくしで取り出し、塩少々をふり、熱いうちに食卓に出す。成功の秘訣はラードを充分熱したかどうかである。ジャガイモが茶色くならず、脂肪を吸ってくたっと油っぽくなってしまったら、ラードの温度を上げること。きちんと揚がれば、冷めてもぱりっとおいしいはずだ。

ポテトクロケット

ゆでたジャガイモを六個用意する（冷たくなったマッシュポテトでも可）。すりおろしたハムを大さじ三、塩、こしょう各少々、刻みパセリと卵黄三個分を加える。これを団子にし、溶き卵をつけてパン粉をまぶす。熱いラードで揚げる。パセリを飾る。

サツマイモ

皮をむかずにそのまま焼いてもおいしい。またはいったんゆでてから皮をむき、薄切りにしてバターを添えてもよい。あるいはゆでて薄切りにし、鍋の中でバターと砂糖をまぶし、そのまま料理用ストーブで焼いてもよい。アイリッシュポテトのようにゆでてからバターを加えてつぶし、オーブンで茶色く焼いたものも好まれる。

カブの調理法

皮をむいたらゆでるか蒸すかする。柔らかくなったらジャガイモと同じ要領でつぶし、塩、こしょう、バターで味をつける。

タマネギのゆで炒め

皮をむき、かなり柔らかくなるまで水からゆでる。塩、こしょう、バターで味をつける。薄切りにしてこんがりとキツネ色に炒めたものは多くの人の好物である。ビーフステーキによく合うのは、薄切りにして水を二〜三回替えながら洗い、熱いラードにステーキの肉汁を足したものに入れ、ほんのり茶色になるまで弱火で炒めたものである。これをステーキのまわりに飾る。

青トウモロコシのフリッター

卵三個を牛乳一カップと溶き合わせる。ここに、熟し切っていないトウモロコシをゆで、すりおろしたものを一パイント加える。さじから落ちないくらいとろみがつくように小麦粉を適量入れる。塩、こしょうをふって、よくかき混ぜる。これを沸騰したラードにさじ一杯分ずつ落としていく。非常に贅沢な一品で、暑い時期には牡蠣の代用にもなる。

サコタッシュ（トウモロコシと豆の煮物）

緑色の豆またはサヤエンドウを二パイント、さやごと三〇分ゆでたら、ゆで汁を捨てる。トウモロコシ二四本から実を削ぎ落とし、豆の入った鍋に加える。塩、こしょうをふって、沸騰した湯を注ぐ。さらに三〇分ゆで、卵一個大のバターの塊に小麦粉をまぶしたものを加える。一度沸騰させたらできあがり。

コーンオイスター

まだ熟していない青いトウモロコシの実をすりおろしたもの一パイント、小麦粉一カップ、塩中さじ一、こしょう小さじ一、卵一個を混ぜ合わせ、熱いラードに落として揚げる。朝食にぴったり。

オクラまたはゴンボのおいしい調理法

若くて柔らかいオクラ一パイントを細かく刻む。オクラの半量程度の熟れたトマトを用意し、皮をむいて加え、薄切りにしたタマネギ一個、バター大さじ一、塩少々、こしょう少々、水小さじ一を加える。柔らかくなるまでことことと煮込み、肉料理（牛、豚、鶏）に添えて出す。

詰め物をしたトマト

大きめのトマト五個を用意し、へたをとり、果肉を少々切り取って中の種部分をくり抜く。種は裏濾しして汁をとっておく。これに、切り取った分の果肉とパセリひとつかみ、脂肪分の多いベーコン一枚、ハム一枚とパン粉一カップを加えて全体を乱切りにし、まとめて炒める。バター、塩、こしょう、タイム、卵黄二個分で味をつける。卵黄を入れたらすぐに火から下ろし、とっておいたトマトに詰める。これを三〇分間オーブンで焼き、ブラウンソースかグレイビーソースをかけて食卓へ。

ホウレンソウの調理法

ホウレンソウはごみがつきやすいので、二～三度水を替えて洗う。よく洗ったら、きれいな水から三〇分ゆでる。ゆであがりがきれいな緑にならなければ、ソーダ（重曹）を少々加える。柔らかくなったら水気をよく切り、できるだけ細かく切る――とはいえこの状態で本当に細かいみじん切りにするのは不可能ではあるのだが。バター、必要ならば塩、こしょうを加える。固ゆで卵をきれいな形に切ったものを飾る。春の初めならば卵二〜三個を落とし卵（ポーチドエッグ）にして、ゆでたてのホウレンソウの上にのせてもよい。

アスパラガスのトーストのせ

アスパラガスは新鮮であればあるほどよろしい。摘む段階で、くたっとして柔らかいものは除いてよい。硬い部分はすべて切り落とし、残りをきれいな束にまとめて縛る。塩水で二〇〜三〇分ゆでる。取り出して水気を切り、頭を揃えてバターを塗ったトーストにのせる。上からこくのあるバターソースをかける。

ナス

ナスを湯がき、薄切りにして一つ一つを溶き卵につけ、砕いたクラッカーの上で転がす。熱くしたラードに入れて茶色くなるまで炒める。塩、こしょうで味をつける。こうすると、柔らかい殻ごと食べられるカニのような味わいになっておいしい。また、ナスを湯がいて中身をつぶし、卵、タマネギ、塩、こしょうとバターで下味をつけ、外皮に詰め直してオーブンで焼いてもよい。この場合、皮ごと供する。

アーティチョーク

アーティチョークは硬くならないよう、若いうちに摘み取る。塩水に漬けて洗い、ゆでる。葉が簡単にとれるまでゆでたら、塩をふる。添えるものとしてはバターソースと酢、またはマスタードと油などお好みで。

イングリッシュグリーンピースのシチュー

グリーンピースは、それほど多めに作るのでないなら一クォート用意し、さやをとる。冷水で洗い、シチュー鍋に入れ、一パイントまたは豆が隠れる程度の熱湯を注ぐ。三〇分火にかけ、小麦粉をまぶした大きめのバターの塊（角砂糖大より大きめ）を加える。数分間このまま火にかけ、白砂糖小さじ一、塩、こしょうを適量加え、熱いうちに食卓へ。煮ている間に汁気がなくならないよう注意すること。仔羊とグリーンピースの料理は春の人気料理の一つだ。

夏カボチャのシチュー

夏カボチャは若くて柔らかいうちに収穫する。皮をむき、乱切りにし、種を取り出したらかなり柔らかくなるまでゆでる。金《かね》のざるでよく水を切ったら、木製のさじでつぶす。これをシチュー鍋に入れ、バター一かけ、生クリーム一ジル、塩少々、こしょう少々を足す。鍋を火にかけ、絶えずかき混ぜつつカボチャの水分がなくなるまで煮る。あつあつのうちに食卓へ。

カボチャと塩気のある肉の重ね焼き

塩気のある肉とブラウンシュガーを使うおいしい一品。カボチャを薄切りにし、ブラウンシュガーか糖蜜をまぶす。燻製肉を何枚か薄切りにし、カボチャの間にはさむ。これを柔らかくなるまで焼く。いわゆる定評のある料理よりもずっとおいしいはずだ。

カリフラワーのホワイトソース添え

カリフラワーは緑の芯を切り落とし、頭が大きければ四つに切り分ける。洗って、塩、こしょう、バター各少々を加えてゆでる。柔らかくなったら、バターかホワイトソースを添えて食卓へ。

ビーツの煮込み

ビーツをきれいに洗う。ただし、甘味が消えてしまうので根はとらないこと。ビーツが若くて柔らかければ丸のまま調理してもよい。バター少々、塩、こしょう、酢を加えて煮込むだけだ。とろ火で二〇分煮込んだら食卓に出す。大ぶりのものなら、火から下ろしてから薄切りにし、酢、塩、こしょうで味をつけるか、薄切りのままバターを添えて食卓に出す。

マカロニの型詰め

マカロニを柔らかくゆで、型に隙間がないようぴっちり並べる。挽き肉を用意する。肉は生でもすでに加熱したものでもどちらでもよく、種類も問わない。挽き肉に香草、バター、こしょう、乱切りにしたエシャロット、卵二個を加える。これを型に詰め、このまま二〇分間火にかける。前述のソースの章で紹介した一〇番のホワイトソースをマカロニのまわりにかけて食卓へ。

マカロニとおろしチーズ

マカロニを四分の一ポンド用意し、長さを切り揃え、水に漬けて水分を吸収させる。朝食後、一時間くらい浸しておくのが適当である。これを一時間ゆで、別の鍋の底に広げて並べ、おろしチーズを全面にふる。さらに塩小さじ一、ナツメグ大のバターの塊を適量散らす。新鮮な牛乳をひたひたに注ぎ、上に茶色く焦げ目がつくまでオーブンで焼く。ただし汁気がなくならないようにすること。牛乳が蒸発してしまったら、乾燥させるよりは水を足したほうがましである。うまくできたらこくがあっておいしいが、からからに乾くなど失敗したら食べられる代物ではない。

クレオールのことわざから

Janmain nous ne pas douè ladans quiou poule compté zè.（Il ne faut jamais［nous ne devons jamais］compter les œufs dans le derrière de la poule.）

めんどりの腹の中の卵を数えてはならぬ（ただし原文のクレオール語はこれほど品の良い言いまわしではない）。【マルティニーク】

Ça qui mangé zé pas save si bonda poule fait li mal.（Ceux qui mangent ne savent pas si le derrière de la poule lui fait mal.）

卵を食べる者は鶏の産みの苦しみを知らぬ。【マルティニーク】

――字義どおり訳すと少々品が悪い。他人の不幸で得をする者は、つけこもうとする相手の苦しみを気にかけない、ということ。

（『ゴンボ・ゼブ』一八八五年）

卵料理（オムレツなど）

卵を選ぶときは、一つ一つを明かりにかざして見ること。新鮮ならば白身が透き通って黄身がくっきり見えるはずだ。ぼんやりとしていたら古い卵である。

卵をゆでるときは、なるべく新鮮なものを選ぶこと。ふすま（注1）に包んで保存すると、数週間くらい鮮度を保てる。保存するときはとがったほうを下にして箱に並べること。また、ラードか牛肉の脂肪分を溶かして塗っておくと何カ月ももつ。薄い塩水にライムを加えたものに漬けてもよい。ただし塩分が濃いめだと卵の殻を傷めるし、濃すぎると卵そのものがだめになってしまう。バケツ一杯の水に塩一パイントとライム一パイントを加えてよくかき混ぜ、漬けるとよい。

オムレツを作るときは、厚底のフライパンを用いること。普通のフライパンでは薄すぎて、中に火が通る前に卵が焦げついてしまう。オムレツや卵、パセリのフライなどをひっくり返すときは、平らで薄く、穴からフライの油分を落とせるような網じゃくし（フライ返し）を使うこと。

四旬節（注2）向けの卵のグラタン

卵を固ゆでにし、殻をむいて薄切りにする。深鍋に重ねて円を描くように並べる。バター大さじ一、卵黄四個分、おろしチーズ少々と、砂糖を加えた牛乳半カップを混ぜてソースを作る。これらをとろみがつくまで火にかけてかき混ぜ、卵にかける。てっぺんにパン粉を散らす。一〇分くらいオーブンで焼き、熱いうちに食卓へ。

ポーチドエッグ　トーストとアンチョビペースト添え

パン六枚をトーストし、円形にくり抜く。卵の準備ができるまで、温かい場所で保温しておく。玉じゃくしに半分まで熱湯を入れ、ゆっくりと熱湯の入った鍋に下ろしていき、鍋の中の湯が入らない程度の位置で止める。玉じゃくしをしっかり握るか、誰かに持っていてもらい、中に新鮮な卵一個を割り入れる。白身が固まるまでそのまま握っていること。できたら卵をあつあつのトーストにのせる。トーストにはバターを塗り、塩をふっておく。この作業を卵六個、パン六枚分行なう。バターはたっぷり塗り、熱いうちに食卓に出す。卵をのせる前に、パンにアンチョビペーストを塗っておいてもよい。しかしアンチョビなしでも充分おいしい。朝食にぴったりの一品である。

オムレット・オ・ナチュレル（プレーンオムレツ）

ボウルに卵八個を割り入れる。塩小さじ一、その半量のこしょうを加え、全体を強くかき混ぜたら、水大さじ一を加える。オムレツ用フライパンに無塩バター一カップを入れて弱火にかける（強火では卵が焦げついてしまう）。ここに卵を流す。網じゃくしでかき混ぜ、ふっくらさせる。オムレツの豊かな風味を閉じ込めるよう、焦げてきた端のほうを内側に寄せたり、片側を反対側に巻き込んだりする。丸く小さなローリーポーリー・プディングのような形になるよう、やさしく転がし続けること。

オムレット・オ・ナチュレルはオムレツの基本である。味つけを変えればさまざまなバリエーションができる。みじん切りにしたパセリとタマネギを卵に混ぜるやり方もある。おろしたハムとパセリを混ぜてもいい。砂糖を入れればひと味違ってくる。他にもまだいろいろある。

エシャロット入りのおいしいオムレツ

卵六個の白身と黄身を分けて、それぞれかき混ぜる。バター大さじ一、エシャロットのみじん切り小さじ一、パセリのみじん切り小さじ一を合わせた卵に加える。厚底のフライパンに半カップのバターを入れ、卵を流す。火を通しながら卵を巻きあげ、フライパンを傾けてオムレツの反対側にも火を通す。もう一度ひっくり返す。焦げ目がついたり固くならないように、あくまでもふんわりと仕上げること。精いっぱい工夫して、ひたすら巻きあげる。ちょっと練習すれば完璧な技が身につくだろう。できあがったらバターをのせ、塩、こしょうをふって皿に盛る。

オムレットスフレ

卵六個の白身と黄身を分け、泡立てる。卵黄に粉砂糖を中さじ四、黄色いレモンの皮一個分を細かくみじん切りにしたものを加え、しっかりかき混ぜる。卵白は角が立つまで泡立て、卵黄に加える。バター四分の一ポンドをフライパンに入れて強火にかけ、バターが完全に溶けたらすぐに卵を流す。バターが卵とむらなく混ざるようにかきまわす。よく混ざったらバターを塗った皿にとり、熱くした燃えさしか灰の上に置く。オムレツの上に粉砂糖をまぶし、熱くしたシャベルをかざして焦げ目をつける。これはオーブンでやってもよい。崩れて見栄えが悪くなりやすいので、すぐに食卓に出す。

とてもおいしいオムレツ

卵六個の白身と黄身を分けて、ふんわりするまで溶きほぐしてから合わせる。ここにみじん切りにしたエシャロット大さじ一と、細かく刻んだパセリ大さじ一を加える。さらに水大さじ二、そして最後の最後に塩少々を加える。厚底のスキレット（注3）かフライパンを火にかけ、無塩バター大さじ一を入れる。バターが熱くなったら卵を入れる。幅広い刃のナイフで、オムレツを動かしつつならしていく。焦げつきすぎないように注意しながら、楕円形にする。絶対にひっくり返さず、本書の指示どおりに押してならすこと。できたら温めた皿に滑らせ、溶かしバター小さじ一をかけ、熱いうちに食卓に出す。オムレツ作りに必要なのは炎なので、薪でおこした火を使うのが理想である。料理用ストーブを高熱にしても、あのほんのりとした微妙な茶色い焼き色は出せない。

牡蠣入りオムレツ

鉢に卵を八～一〇個割り入れ、よく泡立てたら、生クリーム一ジル、無塩バター大さじ一、刻みパセリ小さじ一、塩、こしょうを加える。ふっくらするまで再び泡立て、牡蠣一パイントをざく切りにして混ぜ入れる。フライパンにバターを熱し、卵を流す。卵が部分的に固まってきたら、クッション形にオムレツをまとめる。錫《すず》のへらを使うとうまくいく。ほのかに茶色い焦げ目をつけ、溶かしバター少々か好みのソースを添えて食卓へ。牡蠣の代わりにおろしたパルメザンチーズを入れてもおいしい。ハムも合う。

注1❖小麦を挽いて粉にするときにできる皮の屑。

注2❖キリスト教における「灰の水曜日」からイースター（復活祭）前夜までの六週間半をいう。荒野で断食したキリストを記念し、信者はこの期間、断食やざんげを行なう。

注3❖長い柄と脚のついたフライパン。

サラダとつけあわせ

料理を飾るつけあわせ

パセリは冷製肉、ゆでた鶏、あぶり焼きの肉、魚など、あらゆる料理を飾るつけあわせとして最もよく使われる。ホースラディッシュはローストビーフによく合い、レモンの輪切りは焼き魚や仔牛の頭の煮込みなどにぴったりである。ミントなら仔羊のロースト、スグリのゼリーは主に鴨など鳥類の料理に使うとよいだろう。

マッシュルームケチャップ

深皿に新鮮なマッシュルームを並べ、塩少々をまぶしたら、その上にまたマッシュルームを並べ、塩をまぶす。この手順でマッシュルームすべてに塩をまぶし、三日間塩漬けのまま置いておく。これをどろどろに挽きつぶし、一クォートにつき酢を小さじ一、こしょう小さじ半分、クローブ小さじ一を加える。材料すべてを石製の容器に入れ、容器ごと湯を沸き立たせた鍋の中に入れる。そのまま二時間ゆでて濾す。このとき、マッシュルームをしぼらないこと。濾し汁を一五分間火にかけ、丁寧にアクをとる。数時間そのまま置いたらびんに詰め、コルクでしっかりふたをする。発酵しないよう涼しい場所に保存する。

タイムなどの香草で作る風味づけ用調味料

完璧な状態のタイム、ミント、スイートマジョラム、ローズマリーなどを入手できたなら、すばらしい風味の調味料が作れる。香草は茎から摘み、大きめの壺に入れる。ここに強めの酢またはブランデーを注ぐ。このまま二四時間ねかせたら香草を取り出し、新しい香草の束を入れる。この作業を三度繰り返し、できあがった汁または酢を濾す。びんに詰め、コルクでふたをした後、さらにきつく封印する。嫌なにおいが出るので、香草を二〇~二四時間以上、汁に漬けたままにしておいてはいけない。スープにもうひと風味を加えるのにぴったりの調味料である。

セロリと香草で作る酢

セロリの種二ジルをすりつぶしてびんに入れる。びんに強めの酢をいっぱいまで入れ、二週間置いておく。一日一回はびんを振る。二週間たったら濾し、もう一度びんに詰めて保存する。

青トマトの醤油またはソース

熟す前の青いトマト八クォートを薄切りにする。塩一パイントをまんべんなくふる。このままひと晩おき、翌朝、水で洗って塩気をとり、タマネギ一ダースを生のまま乱切りにしたもの、黒こしょう大さじ二、オールスパイス大さじ二、挽いたマスタード小さじ四分の一、カラシ種（白）半ポンド、トウガラシ大さじ一を加えて鍋に入れる。強めの酢をひたひたに注ぎ、ジャムのようにどろどろになるまで火にかける。煮立っている間によくかき混ぜないと焦げつくので注意。

トマトケチャップ（少量だけ作る場合）

熟れたトマトを一ガロン用意し、熱湯をかけながら皮をむく。冷ましてからシチュー鍋に入れ、塩大さじ四、挽いた黒こしょう大さじ四、挽いたオールスパイス小さじ半分、挽いたマスタード小さじ三を加える。トウガラシを八本入れ、トマトが柔らかくなめらかになるまでとろ火でことこと煮込む。ケチャップが濾し器を通る程度になるまで酢を加えて薄め、濾す。さらに一五分間火にかけ、冷めたらびんに詰める。指示どおりに材料を合わせ、よく煮立ててあれば、どんな気候下でも長もちするはずだ。必ず、涼しくて暗い戸棚か地下室に保存すること。ケチャップやピクルス、プリザーブ（果実の砂糖漬けなどの保存食）は光にあたると悪くなってしまう。おいしいケチャップである。

フランス風チキンサラダ

鶏を一〜二羽ローストする。調味料をまんべんなくふり、火が通ったら冷ましておく。皿に盛る直前に鶏を小さく切り分け、大きな骨は抜く。ドレッシングは一羽につき固ゆで卵六個分の黄身を使って作る。木製のさじで黄身をなめらかにつぶし、オリーブ油一カップを少しずつ流し込む。卵がクリーム状になるまで同じ方向によくかきまわす。ここに鶏二羽につき酢一カップ（一羽なら半カップ）、塩、こしょうを入れる。鶏に酢少々をふったら、さらにドレッシングを注ぐ。皿には新鮮なレタスを四等分して冷やしたものと、薄切りにした固ゆで卵六個を飾る。さらにレッドビーツ数個を添えると、レタスの緑や卵の黄色と調和してなかなか見栄えがよろしい。

トマトサラダ　小エビ添え

大きめのトマト一二個を薄切りにし、シシトウガラシ三〜四本も薄切りにする。トマトに塩、こしょうをふり、皿にトマトとシシトウガラシを交互に、いっぱいになるまで重ねていく。油、マスタード、酢を合わせたドレッシングを注ぐ。小エビ一パイントの殻をむいてサラダに加えるといっそうすばらしい味になる。ただし、なくても充分おいしい。

鶏と米のジャンバラヤ

鶏肉を切り分け、ゆでる。半分くらい火が通ったら、米（生のまま）一カップ、ハム一枚をみじん切りにしたもの、塩、こしょうを加える。材料を混ぜ合わせ、米が鶏のゆで汁を吸収してふっくらするまで煮込む。ただし硬くなったり、水分がなくなってカラカラに乾かないよう気をつけること。深皿に盛って食卓へ。ジャンバラヤは南部の子どもの好物料理である。そもそもはインディアン料理だったとのことで、美味であると同時に健康にもよい。さまざまな食材を用いて作ってみるとよいだろう。

コールスロー　温かいソース添え

キャベツの硬くて白い芯をみじん切りにする。スライサーを用いて薄切りにできれば申し分ない。冷水に一時間さらしたら水気を切り、完全に水気が切れたら盛り皿に盛る。ここに以下のソースをかける。切ったキャベツ一クォートにつき強めの酢二カップを用意し、酢にマスタード小さじ一と塩、バター大さじ一、白砂糖小さじ三を加える。これを熱し、食卓に出す寸前に卵黄二〜三個分を入れる。手早くかき混ぜ、キャベツにかける。ソースが固まらないうちに急いで食卓に出す。

メイド

ピクルス

ピクルスの心得

酢は必ず材料がたっぷり漬かるくらい入れること。すぐに食べる分は広口の石製の壺か容器に保存する。壺には折りたたんだ布を上からかぶせ、さらに皿か木製の器をのせておくこと。ときどき様子を見て、柔らかくて日もちしそうにないものから順に食べる。翌夏に食べる分は、すでに作ってあるピクルスの残りを集めればよい。残っている中から硬くて大きさが揃っているものを選び、石製かガラスの容器に入れて新たに酢を注ぎ、厚い紙数枚または錫のふたできっちりと覆いをする。広口のびんを使う場合はコルクできつくふたをする。

キュウリのピクルスをおいしく、鮮やかな緑色にしたければ、強めの塩水に漬けるとよい。全体が塩水に漬かるようにすること。食べ頃になったら、二〜三日の間、一日一回水を替えて洗い、一本切ってだいたい塩気が抜けたかどうかを見る。さらに沸騰させた酢に三回くぐらせ、覆いをする。酢にはお好みで香辛料や調味料を加える。

一度ピクルスの保存に使った容器は、ガラスであろうが木製であろうが石製であろうが、果物のプリザーブ用には使用しないこと。果物が傷んでしまう。ピクルスがなくなったら酢を捨て、まず容器を冷水で洗い、次に熱湯を注ぎ、冷めるまで置いておく。もう一度洗ってから拭き、火のそばに置くか日光にあてて乾かす。この作業がすんだら次に使うときまでしまっておく。木製の容器は漏れを防ぐためにときどき湿らせるか、湿気の強い場所に保存する。中身が泡立っていたり、あるいは少しでも泡が見えるようなら、明るい真鍮か磁器の鍋に入れ火にかける。弱火で煮込み、泡がまったく出てこなくなるまでよくアクをとる。これを陶器に移して冷ます。その後、びんに入れ、固くふたをする。

香辛料を入れずにキュウリを漬ける方法

小ぶりのキュウリを一〇〇本、またはお好みでもっと多く用意し、塩をたっぷりふりかける。そのまま八〜一〇時間置いておく。水洗いして水気を切り、全部が隠れるほどたっぷりの酢を煮立たせた中に入れ、緑色がくっきり出るようブドウの葉を何枚か間にはさむ。数分たったら直火からは下ろすが、保温と緑色をくっきり出すために火のそばに置く。ブドウの葉が黄色くなったら、また新しい葉を入れること。全体が緑色になったら壺に入れて保存してよい。沸騰した酢に完全に漬かっていれば日もちするので、いつでも都合のいいときに味つけをする。

キュウリのピクルス　ウイスキー漬け

本章冒頭にあげた手順に従ってキュウリを塩水に数日間漬けるか、急ぎであれば沸騰させた塩水で湯がく。下準備ができたらいつものように漬ければよい。塩水は同じものを沸騰し直して何回も使用してよい。手持ちの酢がないときは、湯通ししたキュウリをウイスキー一対水三の割合の液体に漬け込む。空気に触れないように注意すれば、クリスマスまでにはウイスキーと水が上等な酢になって、こりっとおいしいピクルスができているはずだ。香辛料は漬け終えてから加える。ピクルス全体に香辛料の味がしみ込むのが嫌ならば、香辛料をたっぷり加えた酢を専用の容器に入れておき、ピクルスを食べるときに好みに応じてそれに漬ければよい。

卵のピクルス

卵が市場にあふれて安いときに、卵不足の時期に備えてピクルスを作っておくと重宝する。まず、卵三～四ダースを三〇分ゆでてから冷ます。殻をむき、広口の壺に入れる。そこに煮立てた酢を注ぐ。酢にはホールペッパー、クローブまたはオールスパイス、ショウガ、ニンニクで味をつけておく。酢が冷めると、卵はすし詰め状態になっているはずだ。全体が酢に漬かるようにし、一カ月おけばもう食べられる。このピクルスは非常に安上がりに作れ、またぴりっとした感じは冷製肉のつけあわせとしてこれに勝るものはないというほどだ。

青トマトの甘いピクルス

青いトマトを七ポンド分薄切りにし、塩をふり、二四時間そのまま置いておく。その後、塩分を抜くために水に二四時間漬ける。水気を切ったら、砂糖四ポンド半、シナモン一オンス、クローブ一オンスと、トマト全部が漬かる量の酢を用意する。これらを合わせて煮立て、トマトに注ぐ。二四時間置いておき、もう一度煮立て、壺に入れて口を固く縛っておく。光のあたらない冷たい場所に保存する。

キャベツのピクルス（とてもおいしい黄色いピクルス）

キャベツ四個を大きければそれぞれ八等分、小さければ四等分にする。白っぽくて柔らかいものを選ぶこと。濃いめの塩水に三日間漬けておく。三日たったら熱湯で湯がき、串がすっと通る程度まで柔らかくする。二四時間、大皿に広げて水気を切る。強めの酢に、キャベツを黄色くするのに充分な量の粉末ターメリックを加えたら、キャベツを入れる。酢に漬けたまま一〇日間ねかせておく。取り出したらざるに数時間のせて水気を切る。次に、以下の香辛料を用意し、壺にキャベツと香辛料を一層ずつ交互に詰める。酢一ガロンにつき砂糖は五ポンド、香辛料はターメリック三オンス、ショウガ二オンス、ホースラディッシュ四オンス、カラシ種（白）二オンス、セロリの種半オンス、メース四分の一オンス、粒こしょう（できれば白）二オンス、ニンニク四オンスを使う。酢と砂糖を合わせて沸騰させ、熱いうちに香辛料とキャベツを重ねたものに注ぐ。きつくふたをすれば、見事なピクルスのできあがり。

中華漬け

まだ青いトマトを二クォート、漬け物に適した豆、白タマネギ（タマネギは前もって湯通ししておく）を用意する。ここにキュウリ一二本、ピーマン、乱切りにしたキャベツを加え、挽いたマスタード、セロリの種、塩で下味をつける。最高級のリンゴ酢をたっぷりと、中身が隠れるまで注ぐ。二時間煮立て、熱いうちにオリーブ油と白砂糖各大さじ二を加える。広口のガラスのびんに入れ、きちんと密封する。

カリフラワーのピクルス

大ぶりでよく熟れ、白いつぼみ部分がよくふくらんだカリフラワーを用意し、等分に切り分けて熱湯をはった鍋に入れる。そのまま食べるには硬いが若干柔らかい、という頃合いまでゆでる。取り出し、冷ましておく。リンゴ酢一クォートにつきメース一オンスを煮立て、熱いうちにカリフラワーに注ぐ。漬け物でよく使われる各種の香辛料を入れると、味はさらに引き立つ。香辛料は袋に入れて口を縛り、最後の最後に入れること。また濃い色の香辛料はカリフラワーを変色させるので使わないこと。おすすめは白こしょう、カラシ種（白）、ショウガだ。

レモンのピクルス

レモンは小ぶりで皮の厚いものがよい。フランネルの切れ端で全体を強くこすり、果肉に届かないように注意しながら皮を四等分するように切り込みを入れる。この切り込みに塩を強くすり込み、塩が溶けるまで鍋の中に立てて四〜五日置いておく。しみ出した汁で柔らかくなるまで毎日ひっくり返すこと。別に、レモン全部が隠れるくらいたっぷりの酢、レモンから出た塩水少々、こしょう、ショウガで漬け酢を作る。これを煮立ててアクをよくとり、冷ましてからレモン六個に対してカラシ種二オンスとニンニク二かけを加え、レモンに注ぐ。魚料理によく合うピクルスである。

クルミのピクルス

七月四日前後にクルミを収穫する。針が通るくらいには柔らかいはずだ。これを塩水に一〇日間漬けておく。途中、水を二〜三度替えること。次に、目の粗い布で外側をこする。クルミ一〇〇粒につき、漬け酢は酢二クォート、挽いたこしょう一オンス、ショウガ一オンス、メース、クローブ、ナツメグ、カラシ種を各半オンスの割合で作る。香辛料をまとめて袋に入れ、漬け酢に浸して数分間煮立てたら、クルミを漬ける。酢の酸味が落ちていたら、最後に煮立てるときに新たに酢を加えるとよい。

牡蠣のピクルス

大きめの新鮮な牡蠣を、牡蠣の汁と共に、一〇〇粒につきバター角砂糖大一を加えて弱火にかける。一〇分間煮立て、白くふくらんだら網じゃくしですくいあげ、折りたたんだ厚手の布の上に広げる。牡蠣が冷めて硬くなったら、牡蠣の汁の半量とさらにその半量の酢を火にかける。石製の鍋に牡蠣、挽いたメース小さじ一、クローブ一ダース、オールスパイス、粒こしょうの順に入れて酢を注ぐ。保存するつもりなら最後にオリーブ油を少々加え、ガラスのびんに入れて密封する。冷たい場所に置けば何カ月でももつ。

プレーンな桃のピクルス

熟れかけの桃を八〜一〇個用意する。フリーストーン種（種離れのよいもの）が好まれるが、経験からいえばクリングストーン種（種離れの悪いもの）のほうがこりっと硬いピクルスになるようだ。フランネルの毛布で繊毛をこすり落とし、卵が浮かぶくらい強い塩水に漬ける。二日たったら水気を切り、煮立った酢に入れて湯がく。このままひと晩中漬けておく。翌日、一クォートの酢、粒こしょう一オンス、みじん切りにしたショウガ一個分、メース八かけ、カラシ種二オンスを煮立てる。これを桃に注ぎ、冷ます。冷めたら壺に入れ、必ず冷たい場所に保存する。

メロンピクルス

熟れ切って、小ぶりですべすべした緑色のメロンを手に入れる。紅茶茶碗くらいの大きさか、それより小さいものがよい。へたに包丁を入れ、種を取り出せるくらいのひと切れをくり抜く。中の柔らかい部分を全部かき出し、くり抜いたものでふたをして、石製か木製の器に並べる。塩水を濃いめに作ってメロンにかけ、そのまま二四時間置いておく。

詰め物としてホースラディッシュの薄切り、かなり小ぶりのキュウリ、キンレンカ（注1）、小タマネギ、カラシ種、粒こしょう、クローブ、オールスパイスを用意する。メロンを湯通しして冷ます。水ですすぎ、一つずつ拭いて水気をとったら詰める作業にとりかかる。メロン一つずつにキュウリ一本、小タマネギ一～二個、薄切りにしたホースラディッシュ、キンレンカとカラシ種を詰める。最初にくり抜いたひと切れでふたをし、粗い糸で縫い合わせる。ふた部分を上にして石製か木製の器に並べ、クローブと粒こしょう、オールスパイスをふりかける。酢を沸騰させ、メロンが隠れるまでかける。折りたたんだふきんで覆いをし、このままひと晩置いておく。翌日、濾して、濾した酢を沸騰し直してもう一度メロンに注ぐ。前と同様に覆いをしておく。この濾す作業を、ピクルスがきれいな緑色になるまで四〜五回繰り返す。三回やればまあ大丈夫だろう。

メロンは必ず緑色の、畑からとれたてのものを使うこと。つるの先端についていて、硬くて青々としたものが理想だ。翌年の夏までもたせたいなら、特に硬いものを選び、壺で保存し、冷たい新鮮な酢を注いでおく。上には厚手の紙をかぶせておくこと。

注1❀ナスタチウム、ノウゼンハレンともいう。ぴりっと辛い味の葉はサラダに使われ、種は酢漬けにするとケイパーに似た風味が出る。

クレオールのことわざから

Ça ou pédi nen fè ou va trouvé nen sann. (Ce que vous perdez dans le feu, vous le retrouverez dans la cendre.)

かまどでなくしたものは、灰の中で見つかる——善行は必ず報われる、ということ。他に「汝のパンを水の上に投げよ」＊など。【マルティニーク】

（『ゴンボ・ゼブ』一八八五年）

＊旧約聖書「伝道の書」第一一章第一節。「多くの日の後、あなたはそれを得るからである」と続く。陰で善行をすればいつか報いられるという解釈ができるとされる。

パンとイースト

イースト（酵母）についての覚え書き

おいしいパン作りにはまず良質のイーストありき。従って、この重要な問題について数行を捧げることとしよう。

食パンやロールパンをふくらませるイーストにはいくつか種類がある。まず醸造用イースト（ビール酵母）があるが、これは強すぎるので家庭向けのパン作りには適さない。手作りのパンに向くのはパン酵母であるが、こちらも残念ながらいつでも手に入るわけではない。主婦の務めは、まず種類を問わず質の良いイーストを少量手に入れ、よくふくらむ甘いものか吟味することだ。良質と判断したら、小麦粉でなくヒキワリトウモロコシに加えて粘り気をつけて焼き、固形イーストにして切り分け、涼しい場所で乾燥させる。これを食パンやロールパン、ポケットブックス、パウンドケーキ、サリーラン（マフィン）、その他の軽いビスケットなど、さまざまな使用目的に応じられるよう、常時手元に保存しておくこと。

固形イーストを使って発酵させる方法

固形イーストを割ったものを小さじ山盛り一、湯を半カップ、角砂糖一個、とろりとした生地を作るのに充分な量の小麦粉（ふるっておく）を用意する。これを夏なら涼しい場所に、冬なら温かい場所に置いておく。よほど寒いところに置かない限り、三時間もすれば発酵してすぐに使えるようになる。小麦粉一クォートにつきイースト小さじ山盛り一が目安である。ラードを半カップ加えると、さらにおいしく風味のあるパンができあがる。パンを焼く前に、生地の表面に油を塗っておくとよい。

ターンパイクケーキ（通称ハードイースト）

一カップのホップと水一パイントを合わせる。これを沸騰させたら濾し、ヒキワリトウモロコシ一パイントに加える。パン酵母を紅茶茶碗一杯分加え、冷めたら小麦粉をまぶしてめん棒で伸ばす。いくつかの塊に切り分け、乾燥させておく。

トウモロコシとホップで作るすっぱくならない液状イースト

トウモロコシを紅茶茶碗二杯分、焦がさないように気をつけて煎る。ホップを一つかみ強加える。全体が隠れるくらいたっぷりの水で一時間半煮立てる。ほどよい大きさのジャガイモ六個の皮をむいて加え、さらに三〇分間煮立てる。ジャガイモ（火が通ったら）をざるにあげ、ゆで汁はふきんで濾して再度ジャガイモに加える。ここにショウガ大さじ一、砂糖カップ一、塩カップ半分を加える。さらに、全体が一ガロンの量になるまで水を注ぐ。ふくらませるためにイーストを紅茶茶碗に一杯強ほど加えたら、広口の水差しに移す。ふたをせずに温かい場所に置き、イーストが「動き」はじめたらコルクで栓をして、地下室に置いておく。保存時間が長いほど品質がよくなる。

パンに使うときは、（正午に）ジャガイモ五～六個をゆでてから細かくすりつぶし、小麦粉を紅茶茶碗に一杯分混ぜ、熱湯を一クォート注ぐ。ここにイーストを一カップ加え、夜まで温かい場所に置いて発酵させる。翌朝いちばんにはしっかりふくらんでいるだろう。かなり軽くなるまでふくらませ、パン型に入れてもう一度ふくらませたら、通常の手順で焼く。パン種はストーブのそばには置かないこと。このイーストがいかに質の高いものであるかは、パンを焼くときに重曹を使わず、しかもすっぱくならないということからわかるだろう。指示どおりに作り、質のよい小麦粉を使えば毎回必ず甘くて軽いパンが作れるはずだ。

自家製イースト

小麦粉一ポンド、上砂糖四分の一ポンド、塩大さじ一を水二ガロンに入れて煮立てる。二時間火にかけたら、びん詰めにして保存する。市販のイーストやターンパイクケーキを手に入れるのが難しい地域に住んでいるのであれば、これで充分、代用品として使える。ただしうまくいかないときもあるかもしれない。

塩を発酵させたイースト

新鮮な牛乳一パイントを用意する。できれば、しぼりたてでまだ温かいものが望ましい。塩小さじ一と適量の小麦粉を加えて、ケーキの生地のようにどろりとするまでかき混ぜる。温かい場所にねかせて発酵させる。これに新鮮な牛乳か、牛乳と水を一緒に温めたものを加えるとビスケットやパンが作れる。

塩あるいは牛乳を発酵させてパンにする方法

新鮮な牛乳一パイントに熱湯一パイント弱を足してかき混ぜ、塩小さじ一を加える。どろりとした生地になるまでたっぷりの小麦粉を加える。温かい所にねかせて発酵させたら、これでもうパンを作っても大丈夫だ。このイーストを小麦粉、ラード少々、水一カップと混ぜ合わせて柔らかめの生地にする。よくこねてから発酵させる。充分ふくれたら、おいしそうな焦げ目がつくように焼く。湿らせた布で数分包み、切る前に時間をかけて冷ます。これは、ホップイーストで作ったパンを食べるとおなかをこわしがちな胃腸の弱い人も安心して食べられるパンである。

ホップを使わないで作るイチジクの葉の硬いイースト

ホップが手に入らなかった南北戦争中、イチジクの葉がホップの代わりに使えることが発見され、重宝された。イチジクの葉のイーストを作るには、まずイチジクの葉を一パイント用意し、水一クォートを加えて、濃いめのお茶か煎じ汁になるまで煮立てる。これを冷ます。丁寧に濾して、葉やかすを除いておく。アイリッシュポテトを容量一パイントの器いっぱいに用意し、ゆでてつぶす。ここにイチジク茶を加え、ブラウンシュガー大さじ一と小麦粉適量を混ぜて泡立て、固めの生地にする。ふたつきの容器に生地を入れ、ふたをして発酵させる。気泡が立ったらすぐにヒキワリトウモロコシを加え、ビスケット生地のような粘り気が出るまでかきまわす。めん棒で伸ばし、切り分けて乾燥させる。乾くまで何度もひっくり返すこと。これで数カ月分のイーストができるはずだ。

パンを焼くときは、午前中にこの自家製固形イースト一つをふたつきの水差しなどに入れる。水を一カップ注ぎ、イーストが溶けたらブラウンシュガー大さじ一を加える。パウンドケーキの生地くらいの硬さにし、よくふくらんだら小麦粉二クォートを混ぜ合わせる。この指示どおりに焼けばまことにおいしいパンが焼き上がる。パンにはふだんどおりにラードを使うこと。

おいしい食パンの作り方

ホップイースト小さじ一強あるいは固形イースト一つに水一パイントを加え、ここにアイリッシュポテト二個をつぶして入れ、全体をかきまわす。小麦粉を振り入れて固めの生地を作り、ねかせて発酵させる。ふんわりとふくらんだら、ラード小さじ一を加え、さらにパン型に入れられる程度の硬さになるまで小麦粉を適量入れてこねる。型に入れたら生地の表面に油を塗り、もう一度発酵させる。ふくらみ切ったらもう焼いてよい。もし完全にふくらんでいないようであれば、はじめからやり直す——つまり一番最初に戻って生地を作り直し、型に入れ、発酵させる。簡単かつ失敗が少ないレシピである。新米の主婦にとって、一所懸命がんばったのにおいしいパン一つ作れないという事態ほど落胆させられるものはない。この作り方ならば材料もわずかですみ、たとえ初心者がパン作りに初挑戦してうまくいかなかったとしても、それほど無駄使いを心配せずにすむ。どんな人でもおいしいパン一斤を家族のために焼くという喜びを味わえることはうけあいだ。

高級な家庭用パン

ふるった小麦粉八クォート、自家製イースト半パイントまたはビール酵母一ジルを用意し、新鮮な牛乳か牛乳と水を合わせて温めたものを加えてしっとりとさせる。ショートニングを一カップ、塩小さじ一を加える。おいしいパンを作ることだけを考えて念入りにこね合わせ、温かい場所に置いて発酵させる。ふくらんだら、もう一度生地をこねて発酵させるとよい――もちろん、面倒なので一次発酵が終わったらすぐに焼くという人もいるにはいるが。全粒粉を使うなら、かなり柔らかめの生地にすること。ライ麦で作るなら固めがよい。

おなかの調子が悪いときのためのライ麦・トウモロコシパン

ライ麦とヒキワリトウモロコシを各一パイント用意する。これに熱湯一カップをかけ、ぬるくなったらイースト一カップを加える。塩少々を入れ、通常のパンと同様にこねる。二時間焼く。

グラハムブレッド

質がよく新鮮な全粒粉を手に入れ、目の細かいふるいにかける。これを三クォートとイースト半カップ、糖蜜小さじ三を混ぜ合わせる。水を加えてパン種にする。さらに全粒粉を適量加えてどろりとした生地にし、あとはふつうのパンと同様に進める。グラハムブレッドの生地はふつうの小麦粉を使った生地よりも発酵しやすいので、型に入れる前にベーキングソーダを少々加えるとよい。

ソーダまたはミルクビスケット

ふるった小麦粉一ポンドに卵黄一個分を入れる。次に、少量の牛乳にベーキングソーダ小さじ一を溶かす。ここに塩小さじ一を加えて小麦粉と合わせ、固めの生地になるよう適量の牛乳を加える。全体をよくこね、めん棒で数分よく打ち伸ばしたら、最後に薄く伸ばす。円形あるいは正方形のビスケット型で抜き、カリカリになるまで中火のオーブンで焼く。

粉末イーストを使ったビスケットの上手な作り方

小麦粉一クォートを用意する。これは六人家族向けの分量である。用意した小麦粉の半量をふるって錫の器に入れ、上から粉末イーストかベーキングパウダー小さじ山盛り二をふるって入れる。さらにラード大さじ一と塩少々を加えて、生地を作る。小麦粉とラード、水を生地が軽くなるまで手早く混ぜ合わせる。ビスケット用まな板を取り出し、その上に残った小麦粉をふるい、中央に穴をあけ、さきに混ぜた生地を落とす。柔らかな生地になるまで時間をかけてこねる。できるだけ柔らかく仕上げたら、めん棒で広げ、ビスケットカッターで切り分ける。強火のオーブンで焼く。粉末イーストでビスケットを作るとねじ曲がったり、縮んだりしてしまうものだが、このやり方ならその心配はない。

おいしいロールパンまたは軽いビスケット

卵一個、砂糖小さじ一、バター角砂糖大一、イースト一ジル（または固形イースト一つ）をよく混ぜ合わせる。ここに小麦粉一クォートと温めた牛乳（または牛乳と水）を適量入れて、生地を作る。よくこねて、発酵させる。ふくらんだら、まな板に小麦粉をよくふり、その上でめん棒を使って生地を伸ばす。ラードかバター大さじ一を表面に塗る。さらに小麦粉少々をまぶし、ロール状に巻いて、強火で焼く。生地を軽くしすぎると黒ずんでしまうので注意すること。

朝食用の軽いパフ

ふるった小麦粉をタンブラーに一杯、同量の牛乳と卵二個を用意する。小麦粉をふるう前に、粉末イースト小さじ一を加えておくこと。卵は黄身、白身を別々に溶く。準備ができたら材料全部を混ぜ合わせ、焼く直前に、溶かしたバターかラード小さじ一を加える。最後に塩少々を加えて、小さなフライパンに生地を流し、強火でできるだけ短時間でさっと焼く。

ライスケーキ

米一パイントを柔らかくゆでる。ここに小麦粉を紅茶茶碗に一杯分、卵二個（よく溶いておく）、塩ひとつまみを加え、どろりとした生地ができるまで牛乳適量を混ぜ合わせる。溶かしたバターまたはラードを大さじ一加え、熱した焼き網で焼く。

サリーラン

新鮮な牛乳一カップを温め、イースト一カップ、砂糖一カップ、ふるった小麦粉一クォート、卵四個、ラードとバターを合わせて溶かしたもの一カップを混ぜ合わせる。まんべんなく混ぜたらケーキ型に入れる。型はあらかじめ温めて、油をたっぷり塗っておくこと。これを温かい場所に置いてよくふくらませ、ケーキと同じ手順で焼く。よく研いだ包丁を水平に入れて二段に切り分け、下の硬くぱりぱりしているほうを上に置く。上下両方によくバターを塗り、熱いうちに食卓へ。

イーストを使ったマフィンとクランペット（ホットケーキ）

牛乳二パイント、卵四個、イーストを小さめの紅茶茶碗に一杯分（または固形イースト一つ）用意する。これらを合わせ、卵一個大のバターを少量の牛乳に溶かしたものと塩小さじ一を加える。ふるった小麦粉を入れ、ソバ粉入り生地のようにとろりとするまで混ぜ合わせる。八～一〇時間かけてふくらませ、マフィン型かケーキ型に入れたら、熱した焼き網にのせて焼く。焼き網から下ろしたらすぐにバターを塗る。焼いている間に砂糖とシナモンをふるってまぶすと喜ばれる。

おなかの調子が悪いときのグラハムマフィン

全粒粉を一クォート、ブラウンシュガーを半カップ、塩小さじ一、粉末イースト大さじ二に湯か温めた牛乳適量を加え、さじでとろりとなるまで混ぜ合わせる。ふくらんだらもう一度こね、型に入れて焼く。生地をひと晩ねかせた場合は、翌朝、少量のイーストを加える。柔らかく焼きあげる。

お茶の時間のためのポケットブックス（みんなの大好物）

ふくらませて温めたイーストを一カップ、温めた牛乳一カップ、卵二個（泡立てておく）、砂糖一カップ、オレンジの皮とナツメグをすりおろしたものを合わせて小さじ一、以上を混ぜ合わせる。小麦粉を適量入れてどろどろした生地にし、温かい場所に置いてふくらませる。お茶の時間に食べたければ、朝九時には生地ができあがっているようにすること。二時間もすれば気泡が立ち、軽くなっているだろう。これをふるった小麦粉に合わせ、かなり固めの生地にする。塩と卵一個大のバターを加えてからよくこね、スープ用の深皿に入れてもう一度ふくらませる。発酵したら、これをいわゆるポケットブックス（お札入れ）の形に成形する。まな板に小麦粉をふるい、生地を半インチの厚さまでめん棒で伸ばして表面に溶かしバターを塗り、長さ六インチ、幅二インチほどの短冊に切り分ける。これを何回も折りたたむ。焼き型か鍋を熱して油を塗り、成形した生地を互いに一インチ程度ずつ離して並べる。表面には溶かしバターと溶き卵一個を刷毛で塗っておくこと。ここでもう一度ふくらませ（一時間くらいが目安）、オーブンに入れる直前に砂糖をふるってまぶす。

「パン・ペルデュ」（フレンチトースト）

新鮮な牛乳一パイントに砂糖一カップで甘味をつける。卵二個を入れてかき混ぜ、何でも好みの調味料で味をつける。食パン六枚を切り分け、それぞれをこの牛乳と卵と砂糖のカスタード液に数分間浸す。フライパンを熱してバターを溶かし、ここにパンを一枚ずつ入れて焼く。皿に積み上げて食卓へ。

ソバ粉のグリドルケーキ

石製の容器に湯三パイントを入れる。そこにパン酵母半ジル、または少量の湯に溶かしたターンパイクケーキ一つ（一インチ四方大）を加える。塩を小さじ山盛り一と重曹小さじ半分を加える。とろりとした生地になるまで、木製のさじを使ってソバ粉を適量加える。全くダマがなくなめらかになるまでかき混ぜたら、覆いをして、ほどほどに温かい場所に朝までねかせておく。ここにヒキワリトウモロコシをたっぷり一つかみ足すといっそうおいしくなる、というのが衆目の一致するところである。その場合には、卵一個と牛乳一カップも加えること。焼き網で焼く。

麵

上手にできた麵ほどおいしいものはない。卵二個、塩少々、たっぷりの小麦粉を混ぜて固めの生地を作る。これをかなり薄くめん棒で伸ばし、小麦粉少量をふるってすり込む。生地を折りたたみ、包丁で細長く切り分けたあと、もう一度伸ばす。鍋にたっぷりの湯を沸騰させ、塩少々を入れておく。麵を入れ、五～六時間ゆでる。ゆで汁を捨て、たっぷりのバターを溶かした中で麵を揚げるとすばらしい味になる。

クレオールのことわざから

Napas éna fromaze qui napas trouve so macathia. (Il n’y a pas de fromage qui ne trouve son pain bis.)

黒パンにありつけぬチーズはなし。【マルティニーク】

——わずかでもチーズがあれば、それと一緒に食べる黒パンをひと切ればかり手に入れるのはわけがない、という意。「夫を見つけられないほど不器量な女などいない」と同義。

Tout ça qui poté zépron pas maquignon. (Tout homme qui porte éperons n’est pas maquignon.)

拍車を付けた者すべて騎手ならず（光るものすべて金ならず）。【マルティニーク】

（『ゴンボ・ゼブ』一八八五年）

ラスク、ドーナツ、ワッフル

レスター嬢のお茶のためのラスク

小麦粉一クォート、牛乳半パイント、バター四分の一ポンド、卵二個を混ぜ合わせる。メースとナツメグ、それにイースト一カップを加える。これをねかせてふくらませたらラスクの形にする。バターを塗った鍋か型に入れて焼き、あつあつのうちに食卓へ。

イーストなしで作るドーナツ

バター半ポンド、サワーミルク一パイント、砂糖四分の三ポンド、重曹小さじ一弱を少量の湯に溶いたもの、泡立てた卵二個を混ぜ合わせ、小麦粉を適量加えてなめらかな生地にする。レモン汁小さじ半分とおろしたナツメグ半個分で風味をつける。まな板かテーブルに少量の小麦粉をまぶし、生地をめん棒で四分の一インチの厚さに伸ばす。正方形か六角形、円形いずれかに切り分け、沸騰したラードに落として揚げる。リング型に入れてから揚げてもよい。

お安く作れるワッフル

卵二個、牛乳（砂糖を加えておく）一カップ、水一カップを用意し、また粉末イースト大さじ二を小麦粉三カップに合わせてふるっておく。ここに、溶かしたラードあるいはバター大さじ一と砂糖小さじ一を加える。すべてをよく混ぜ合わせ、ワッフル型で焼く。安上がりでおいしいワッフルである。

クルーラー

バター一カップ、砂糖二カップ、卵三個、サワーミルク半パイント、ベーキングソーダ小さじ一、すりおろしたナツメグ半個分、薄く伸ばすための小麦粉適量を用意する。これらを混ぜ合わせ、きれいな形に切り分け、砂糖をまぶす。ラード二ポンドを深いスキレットに熱し、熱くなったらクルーラーを揚げる。焦げてしまわないよう、途中で一～二度新しいラードを加えること。クルーラーというものはすべて軽いキツネ色で統一されていなければならない。ここにあげた量の半量で、大皿にたっぷりのクルーラーができる。

ケーキとお菓子

アイシング

粉砂糖またはアイシングシュガー（ふつうのグラニュー糖ではなく）を一ポンド、卵白四個分を用意する。卵白に砂糖を加え、角が立って固くなるまで泡立てる。このアイシングを湿らせた包丁でケーキに塗りつける。包丁は使うたびに水で濡らすこと。塗ったら、料理用ストーブの前に置いてアイシングを乾かす。極弱火のオーブンに入れて乾かしてもよい。乾いたらケーキを冷やす。アイシングはローズエッセンスやオレンジエッセンス、レモンエッセンスで香りづけをしてもよい。レモンエッセンスを使う場合はすりおろしたレモンの皮を少々加えるとよい。砂糖は卵白を泡立てる前に入れたほうがずっとおいしくできる。

チョコレートアイシング

氷砂糖一ポンドに水半パイントを加える。強火にかけ、指で押してみて、ねばねばするまで熱する。刻んだチョコレート六オンスを加え、バニラエッセンスで風味をつける。

煮て作るアイシング（とてもおいしい）

白砂糖一ポンドを一カップの水で、かなり固くなるまで煮る。キャンデーを作るときのようにどろどろにすればよい。これを、卵白三個分を泡立てたところにそっと加える。卵白とよく混ざるまで手早くかき混ぜ、小麦粉かコーンスターチをまぶしておいたケーキの上に包丁で塗る。好みの香りをつけること。アイシングの完成度は砂糖の質（純度が高く細かい粉状になっていること。最近のグラニュー糖は添加物が多いので特に気をつける）いかんである。

絶品フルーツケーキ

クリーム状になめらかにしたバター一ポンド、ふるった白砂糖一と四分の一ポンドを合わせる。ここに、軽く溶いた卵黄一二個分（または卵白も一緒に角が立つまで泡立てたもの）を加える。ふるった小麦粉一ポンドを丁寧に混ぜ入れる。作る前日にスグリ二ポンドを洗って乾かしておき、大きめの干しぶどう二ポンドは種をとり、シトロン一ポンドは薄切りにしておく。これらの果実を大きな鍋に入れ、ふるった小麦粉四分の一ポンドをよくまぶす。果実に生地を合わせ、おろしたナツメグ、ワインとブランデーを各グラス一杯ずつ加える。大きめのケーキ型に入れ、四時間焼く。菓子専用のオーブンがあれば、そちらを使ったほうが確実である。

ウィスコンシン・フルーツケーキ

粗塩を四分の三ポンド、脂肪のよくのった豚肉（細かく刻んでおく）を同量用意する。これに熱湯一パイント、砂糖一カップ、糖蜜二カップ、クローブ小さじ二、シナモンとナツメグ各小さじ一、重曹小さじ二、干しぶどう一ポンド半、好みでシトロンとスグリ一ポンドを加えてかき混ぜ、さらに小麦粉を適量入れてできるだけ固くなるまでかき混ぜる。かなり注意していないと焦げるので、ごく弱火で一時間（必要ならそれ以上）焼く。この分量でパウンドケーキ三本分である。日もちするので、卵があまり出まわらない冬に重宝するだろう。

ヌガー・フルーツケーキ

前項のフルーツケーキと同じ手順で生地を作る。ただし果物は種なし干しぶどう二ポンド、シトロン一ポンド、湯むきして刻んだアーモンド一ポンド、おろしたココナツ一ポンドを使う。ココナツは新鮮な牛乳一カップにひたしておく。ワイン、ブランデー、ナツメグも加える。このケーキは私の試行錯誤の末の産物で、大変好評である。

リッチなウエディングケーキ、またはブラックケーキ

小麦粉一ポンド、卵九個（白身と黄身は別々に溶いておく）、クリーム状になめらかにしたバター一ポンド、ブラウンシュガー一ポンド、糖蜜を紅茶茶碗一杯分、おろしたナツメグ（またはおろしたメース）一オンス、挽いたオールスパイス小さじ一、シナモン小さじ一、ブランデー一ジルを用意する。材料すべてをよく混ぜ合わせる。スグリ三ポンドを摘み、洗って干しておく。干しぶどう三ポンドは種をとり、刻む。スグリと干しぶどうに小麦粉一ポンドをまぶしてからよく混ぜ合わせ、シトロン一ポンド（短冊に切る）を加えて生地に入れる。鍋の底にバターを塗った紙をしき、生地を一インチ半から二インチの厚さに入れ、中火で一時間半〜二時間焼く。前に紹介した手順に従ってアイシングを塗る。

花嫁のケーキ（極上）

バター四分の三ポンドを用意し、クリーム状にのばしてから白砂糖一ポンドを加えてよく混ぜる。卵白一七個分を泡立て、ふるった小麦粉一ポンドと交互に少しずつ生地に加える。レモンエッセンスまたはローズエッセンスで香りをつけ、焼く。実においしく舌触りのよいケーキである。

おいしいパウンドケーキ

バター四分の三ポンドをクリーム状にのばし、小麦粉一ポンドを少しずつふるい入れて全体がなめらかになるまでかき混ぜる。別鍋で卵黄九個分をふんわりするまで溶き、ここにふるった砂糖一ポンドを入れてさらによく混ぜ合わせる。卵白一二個分を泡立てて卵黄と合わせ、さらにこれをバターと小麦粉が混ざった鍋に加える。全体をまんべんなくかき混ぜる。ブランデーかワイン少々とナツメグを加える。大きな鍋に入れ、焦げないように気をつけて焼く。ケーキの底から熱が通ってよくふくらむようにしたいので、オーブンの上段が下段より熱くならないように注意する。こうしてケーキを底面から焼く。これはケーキ作りで覚えておきたいコツの一つで、正しく焼けば大変おいしくできあがる。

スポンジケーキ作りの一般原則

砂糖は卵と同量（重さで）を、小麦粉は卵の半量（重さで）を用いる。卵黄と砂糖を一緒に泡立ててから、まず小麦粉を、次にあらかじめ角が立つまで泡立てておいた卵白を加える。よくかき混ぜて、紙をしいた容器または鍋に入れ、強火のオーブンで焼く。香りをつけるにはレモンエッセンス、ローズエッセンス、バニラエッセンスなどが適しており、また少量のナツメグやブランデーを使ってもよい。砕いたアーモンドやすりおろしたココナツを生地に加えてもよい。

煮込んで作るスポンジケーキ

氷砂糖四分の三ポンドと水半パイント弱、レモン一個の皮をかなり薄めに削いだものをシチュー鍋に入れる。これを二〇分ことこと煮込む。卵黄八個分と卵白四個分を一〇分間泡立てる。卵をシチュー鍋で煮立っているシロップに入れ、三〇分間よくかき混ぜる。ケーキ用の鍋によく油を塗り、底に紙をしく。ふるった小麦粉一〇オンスをシロップにゆっくり混ぜ入れ、これをすぐにケーキ鍋に移す。かなり強火のオーブンで半時間焼く。このスポンジケーキは生地に小麦粉を入れてからすぐに焼かないと硬くなってしまう。従って、シロップと小麦粉を合わせる前からオーブンを温めておくこと。また、小麦粉を入れた後は泡立てないこと。これがスポンジケーキをふんわりおいしく焼く秘訣である。

お茶用のケーキ（お安く作れておいしい。卵を使わない）

バター一カップまたはラード小さじ一強、砂糖二カップ、サワーミルク一カップ、ベーキングソーダ小さじ一、オレンジの皮かナツメグをすりおろしたもの適量を混ぜ合わせる。小麦粉を適量加え、めん棒でかなり薄めに伸ばす。かわいらしいクッキー型で抜き、強火のオーブンで焼く。ラードを用いるときは塩ひとつまみを入れること。

黄色い淑女のケーキ

上白糖一ポンド、クリーム状にかき混ぜたバター半ポンド、なめらかに泡立てた卵黄八個分、新鮮な牛乳一カップ、少量の湯に溶かした粉末炭酸アンモニウムまたは重曹小さじ一、おろしたナツメグ半個分、レモンエッセンス（または橙花水・注1）小さじ一を合わせ、小麦粉を適量加えてパウンドケーキと同じくらい粘り気のある生地を作る。これをふんわりしたクリーム状になるまで泡立てる。アーモンド四分の一ポンドは皮をむき、ペースト状になるまで砕いてから生地に加え、全体をさらによく泡立てる。鍋にバターを塗って紙をしき、一インチの深さまで生地を入れる。強火のオーブンで半時間、または中火で四〇分焼く。おいしいケーキである。

白い淑女のケーキ

卵白八個分を角が立つまで泡立て、粉砂糖一ポンドを少しずつ加える。バター四分の一ポンドをクリーム状になるまで練る。紅茶茶碗一杯分の新鮮な牛乳に重曹小さじ一を溶かす。卵白とバター、牛乳を合わせ、パウンドケーキの生地のようにどろりとするまで適量の小麦粉（ふるっておく）を入れる。橙花水かレモンエッセンスを小さじ一加える。アーモンド四分の一ポンドは皮をむき、湯がいてから、卵白少々を合わせて砕き、ペースト状にして生地に加える。全体が軽く白っぽくなるまでよく泡立てる。正方形の鍋の底にバターを塗った紙をしき、生地を一インチの深さまで入れ、強火のオーブンで半時間焼く。焼きあがったら鍋から取り出し、冷めたら紙をとり、ひっくり返して側面をアイシングする。アイシングがだいたい固まったら、指一本分の幅で長さ二インチ半くらいの切り込みを入れていく。

どんなお客様にも喜ばれるおいしいカップケーキ

バター一カップ、砂糖三カップをクリーム状になるまで混ぜ合わせる。卵五個は白身と黄身に分けてそれぞれ泡立てる。両方を合わせてバターに加え、ふるった小麦粉を五カップ混ぜ入れる。サワークリーム一カップ、ベーキングソーダ小さじ一を加える。グラス一杯のワインとナツメグ少々で香りをつける。丸い鍋に入れて強火のオーブンで焼き、温かいうちにアイシングを塗る。

マーブルケーキ（白い部分）

卵白四個分、白砂糖一カップ、バター半カップ、新鮮な牛乳半カップ、クリーム・オブ・タータ（注2）小さじ一、ベーキングソーダ小さじ半分で作る。

マーブルケーキ（黒い部分）

卵黄四個分、ブラウンシュガー一カップ、糖蜜半カップ、バター半カップ、サワーミルク半カップ、ベーキングソーダ小さじ一、好みの調味料をたっぷり入れて作る。黒い生地を底にして白と黒の生地を交互にケーキ型に入れていき、焼く。美味である。

エッグ・キス

卵白四個分、粉砂糖半ポンドをよく泡立て、手早く強火で焼く。ローズエッセンスかレモンエッセンスで香りをつける。

ジェノヴァケーキ

バター半ポンド、砂糖半ポンド、卵四個、小麦粉半ポンド、小さなグラス一杯分のブランデーまたはワインを混ぜ合わせる。正方形に焼きあげ、アイシングを塗ってからひし形に切り分ける。明るい色のゼリーやジャムなどで丸や格子模様を描いて飾る。

チョコレートケーキ

バター半ポンド、砂糖一ポンド、小麦粉一ポンド、卵四個、牛乳半パイント、ベーキングソーダ小さじ一、小麦粉と合わせたクリーム・オブ・タータ小さじ二を用意する。材料すべてをよく混ぜ合わせ、半量ずつ型二つに入れて焼く。卵白三個分とふるった小麦粉三カップを泡立て、チョコレートを加えてアイシングを作る。これを二つのケーキの側面と表面に広げて塗る。ケーキを重ねて二段にし、間にもアイシングをはさむ。

リングジャンブル

バター一ポンド、砂糖一ポンド、卵四個、小麦粉一と四分の一ポンド（あるいはとろりとした生地になるくらいの分量）を混ぜ合わせて生地を作る。バターを塗った紙を鍋にしき、生地をリング状にしてのせる。強火で焼き、砂糖をまぶす。生地は必ず柔らかめに作ること。リング状でないほうがよければ小麦粉をさらに加え、クッキー型で抜く。

ルイジアナ・ハードタイムズ・ケーキ

バター半ポンドとふるった砂糖一ポンドをクリーム状になるまで混ぜ合わせる。ここに卵黄六個分を泡立ててから加える。この生地全体をもう一度泡立て、置いておく。その間に、卵白六個分を角が立つまで泡立てる。小麦粉一ポンドをふるいにかけ、そこに粉末イースト小さじ二を加える。置いておいた生地に卵白と小麦粉を少しずつ交互に加えていく。水一カップとブランデーまたはワインかレモンエッセンス小さじ二を加える。容量四クォートのケーキ鍋かケーキ型にバターを塗り、オーブンを温めたら、生地を鍋に入れ、すぐにオーブンに入れて焼く。焼いている間はケーキに覆いをしておくこと。オーブンから出したら、おいしくて、しかも安上がりなケーキのできあがり。

ジャーマンレディフィンガー

卵黄五個分と砂糖半ポンドを泡立てる。アーモンド半ポンドを湯むきし、細かく刻むか砕くかして加える。レモン一個の皮をすりおろして加え、さらによくかき混ぜる。適量の小麦粉を少しずつ加え、生地を作る。めん棒でよく伸ばし、長さ、幅とも人さし指大に細長く切り分ける。卵白二個分を泡立てて生地にまんべんなく塗り、焼く。

インディアン・ブレックファスト・ケーキ

牛乳一クォートをかなり熱くなるまで温める。ここにどろりとした生地ができるまで、たっぷりのヒキワリトウモロコシを混ぜ入れる。塩、重曹（顆粒状のもの）をそれぞれ小さじ一加え、少し冷めたら、卵二個を泡立ててから入れる。バターを塗った鍋に入れて強火のオーブンで焼く。朝食向きのおいしい一品である。

トリュフ

新鮮な卵二〜三個を数分間よく泡立て、塩小さじ一を加えて、固めのペースト状になるまで小麦粉を加える。めん棒で薄く伸ばし、小さな円形に切り分ける。沸騰したラードに入れて揚げ、砂糖をまぶす。お茶にぴったりのおいしい一品である。

シルバーケーキ

バターを二カップと上白糖二パイントを合わせてクリーム状にする。ここに卵白一八個分を泡立てて加え、小麦粉四パイントも入れる。ただし、小麦粉のうち一パイントは必ずメイゼナ（注3）かコーンスターチにすること。ふつうの小麦粉を使うよりもいっそうなめらかな舌触りになるからだ。卵白と小麦粉を泡立てながら、水二カップを少しずつ加えて生地をのばす。アーモンドのエッセンスで香りをつけ、大きめの鍋で焼く。小麦粉をふるいにかけるときに、粉末イーストを小さじ二加えること。

極上のゴールドケーキ

バター半ポンド、砂糖一ポンド、小麦粉一ポンド、卵黄一〇個分、少量の湯に溶いたベーキングソーダ小さじ一を用意する。バターと砂糖をクリーム状になるまで混ぜ、そこに軽くなるまで泡立てた卵黄を加える。最後に、小麦粉とベーキングソーダを合わせて焼く。

ココナッツのお菓子

ココナッツ一個をすりおろし、スキレットに入れて火にかけ、小麦粉くらいパサパサになるまで煎る。砂糖一カップと卵白一個分を角が立つまで泡立てる。材料全部を混ぜ、生地をいくつかに分ける。バターを塗った紙にのせて焼く。オーブンはあまり熱くしなくてよい。

ペカンケーキ

バター半カップ、砂糖一カップ半、卵二個、新鮮な牛乳四分の三カップ、ふるった小麦粉二カップ、ベーキングソーダ小さじ一杯半、小麦粉に混ぜるクリーム・オブ・タータ小さじ一を用意する。ペカンの実一カップは細かく刻む。これらを混ぜ、小さめのケーキ鍋で焼く。

ワインのお供のクッキー

バター四分の一ポンド、砂糖半ポンド、卵一個、レモンエッセンス数滴、小麦粉半ポンド強を混ぜ合わせ、めん棒で薄く伸ばし、丸いクッキー型で抜いて焼く。ワインに合うクッキーである。

おいしいドロップケーキ

砂糖半ポンドとバター四分の一ポンドをなめらかになるまでかき混ぜる。卵四個はよく泡立て、スグリ半ポンド、ブランデー小さじ一、おろしたナツメグかレモンの皮と共にバターに加える。さらに、小麦粉をたっぷり入れて固めの生地を作る。全体をよく泡立てる。生地をさじですくってバターを塗った鍋に落とし、強火のオーブンで焼く。軽くて柔らかいケーキである。

ダイヤモンド・バチェラー（ダイヤモンドを持った独身男）

めん棒でビスケット生地を薄く伸ばし、ひし形に切り分けてラードで揚げる。ご婦人に好まれる一品である。

ティプシーケーキ（ほろ酔い気分のケーキ）

一ポンド程度の重さのスポンジケーキをガラスのボウルに入れ、そこにシェリーとマデイラワイン（白）を合わせて半パイント注ぐ。卵六個と牛乳一クォートでこくのあるカスタードを作り、甘味と香りをつけ、冷ます。アーモンド半ポンドを湯むきしてスポンジケーキの上に飾り、上からカスタードをかける。

初心者向けの簡単にできるケーキ

小麦粉二カップをふるい、一カップにつき小さじ一の粉末イーストを加える。卵黄三個分と上白糖一カップ、香料またはワインを加えた水半カップを合わせて泡立てる。卵白を角が立つまで泡立て、すでに泡立てた卵黄に加え、最後に小麦粉とイーストを加えて全体を泡立てる。正方形の型かゼリーケーキ型に入れて強火で焼く。

アーモンドマカロン

アーモンド半ポンドを湯がき、ローズウォーター少量を加えて刻む。ここに、ふるった砂糖半ポンドと卵白二個分（泡立てない）を加えて、ペースト状にする。手に水をつけてから、この生地をナツメグ一個大の球に丸める。一インチずつ離して、バターを塗った紙をしいた鍋（あるいは焼き型）に並べる。弱火のオーブンで薄いキツネ色になるまで焼く。

注1❖オレンジの花から作られる香料・風味調味料。
注2❖酒石酸を抽出したもの。日本語では酒石英ともいう。
注3❖トウモロコシの澱粉で、コーンスターチの一種。

ケーキとキャンデー

デザート

ロシア風シャルロットのいろいろ

　シャルロットにはさまざまな作り方があるが、基本的にはスポンジケーキまたはレディフィンガーと、ホイップクリームかカスタード、ブラマンジェを用いて作る。まず、卵白三個分と砂糖四分の一ポンド、生クリーム半パイントを角が立つまで泡立て、レモンエッセンスまたはバニラエッセンスで好みに応じた香りをつけ、ケーキ型に入れる。クリームの上にケーキかレディフィンガーを薄切りにしてのせ、型を氷の上に置く。食べる時間になったら逆さまにして皿にのせ、食卓へ。あるいは、適当な器か型または小さなカップに、家にある適当なケーキ（レディフィンガー、薄切りにしたサヴォイケーキ、黄色い淑女のケーキなど）を並べ、卵黄で作ったクリーム、ブラマンジェ、カスタードなどを重ねる。これを冷やし、引っくり返して盛りつける。

プレーンなロシア風シャルロット

アイシングラス（にかわ）一オンスに水一パイントを加え、半量になるまで煮詰める。煮立っている間、牛乳半パイント、卵黄四個分、砂糖四分の一ポンドでカスタードを作る。バニラエッセンス、レモンエッセンスなどで香りをつける。生クリーム一クォートはなめらかになるまで泡立て、生クリームが凝固しない程度にアイシングラスを冷やしてから二つを混ぜ、さらにカスタードと合わせる。全体をよく混ぜ合わせ、氷の上に置く。これは大変おいしく、また作り方も簡単。さらに見ばえにこだわりたければ次のように仕上げればよい。ガラスの器にレディフィンガーを並べ、クリームを流し、上にはかわいらしい砂糖菓子を飾る。レディフィンガーが手元になければ、軽いスポンジケーキを薄切りにし、ガラスのボウルの底と側面に並べればよい。

シチリア風ビスケット

卵四個、ふるった粉砂糖一二オンス、小麦粉一〇オンスを用意する。火にかけたシチュー鍋に卵と粉砂糖を入れ、ふれてみて温かいと感じるまで泡立てる。火から下ろし、今度は冷めるまでよくかき混ぜる。次に小麦粉を加え、バニラエッセンスで香りをつける。バターを塗った紙を焼き型か鍋にしく。生地を円形か楕円のビスケットの形にして紙の上に並べていき、弱火のオーブンで焼く。オーブンに入れるときに上から白砂糖をふるうとよい。

リンゴのコンポート

砂糖四分の三ポンドと水一カップでシロップを作る。シロップを煮立てている間に、酸味のあるリンゴ六個の皮をむき、芯をとる。リンゴをシロップの鍋に入れ、三〇分間、または透き通るまで煮立てる。ガラスの器か陶器に盛り、昼食またはお茶の時間に出す。温かいうちに食べるほうがおいしい。

ゼラチンブラマンジェ

新鮮な牛乳一クォートを煮立てる。ここに、水に一〇～一五分間浸しておいたゼラチン半箱分を加える。ゼラチンが溶けたら砂糖一カップを入れる。火から下ろし、まだ熱いうちに卵四個を混ぜ入れる。バニラエッセンス、レモンエッセンスで香りをつけ、型に入れる。クリームを添えて食べる。栄養をとりたい病中病後にぴったりの一品。

チョコレートブラマンジェ

前項のゼラチンブラマンジェと作り方は同じだが、牛乳を煮立てたら、おろしたチョコレート六オンスを加えて味をつける。クリームかワインソースを添えて食べる。

レモンカスタード

水一カップを沸騰させ、小麦粉かコーンスターチ大さじ一を加える。卵黄三個分とブラウンシュガー一カップを泡立てる。レモン汁一個分を加えて、さらに泡立てる。これを水と粉に加え、焼く。カスタードを焼いている間に、卵白三個分とグラニュー糖一カップを合わせて泡立てる。このアイシングを焼きあがったカスタードに広げ、もう一度少しだけ焼いてうっすらと焦げ目をつける。

煮て作るおいしいカスタード

牛乳一クォートにつき卵六個と白砂糖一カップを用意する。牛乳を煮立てる。卵白に白砂糖半カップを加えて泡立て、煮立った牛乳に落とす。二分間そのままおいてから、網じゃくしで固まった卵白をすくいあげ、皿にのせて冷ます。卵黄と残りの砂糖をよく泡立て、卵白をすくったあとの牛乳に加えてかき混ぜる。ローズ、レモン、桃の葉などのエッセンスで香りをつける。このカスタードを濾し器にかけて器に入れ、上にはとりわけておいた卵白を高く積み上げる。卵白には砂糖を入れなくてもよい。

アップルカスタード（絶品）

リンゴ二、三個、ブラウンシュガーを一カップ強、水を紅茶茶碗一杯分、レモン一個分の皮（すりおろしたもの）、牛乳一パイント、卵四個、氷砂糖二オンスを用意する。リンゴの皮をむいて芯をとり、水をはったソース鍋に入れて火にかけ、ブラウンシュガーとレモンの皮を加える。リンゴに火が通り、ぐしゃぐしゃになったら取り出す。深皿の底にリンゴを並べ、牛乳と氷砂糖と卵で作ったカスタードを注ぎ、中火のオーブンで焼く。焼く前にナツメグ小一個をすりおろし、まぶす。

季節を問わず作れるプディング

パイ皿にパイ皮をしく。その上に、手に入るジャムなら何でもよいから（イチゴかラズベリーが一番おいしい）三オンス分塗る。別の器にパン粉、バター、砂糖各三オンスと大きめのレモン一個分の皮と汁を入れてよくかき混ぜる。これをジャムの上にのせ、三〇分間焼く。レモンの汁気が少なければ、水大さじ一を加えてもよい。

アップルトライフル（夕食の一品に）

酸味の強いリンゴを砂糖で煮て、レモン少々を加え、マーマレードを作る。冷めたらガラスの深皿に移し、卵二個と牛乳半パイントを砂糖半カップで甘く煮て作ったカスタードを入れる。リッチな生クリームをホイップして、カスタードの上にのせて仕上げる。さらに、シトロンやリンゴのゼリーを散らしてクリームを飾る。生クリームがたっぷり手に入る地方にぴったりの、チャーミングな一品である。

トライフル（美味）

ガラスのボウルか皿の底にレディフィンガーをしきつめる。マカロンを半ダース砕き、上にのせる。ここにワイン一カップ（または薄めたエッセンス）を注ぎ、全体に湿り気をつける。ゼリーかジャム大さじ三を加える。牛乳一パイント、卵三個、白砂糖一カップを煮立ててカスタードを作り、ここに注ぐ。卵白二個分を白砂糖一カップ、レモン汁少々と泡立て、角が立つまでになったらカスタードの上にかけ、食卓へ。

オレンジクロカン（きれいなデザート）

オレンジを一〇〜一二個用意し、皮をむき、白い筋と種をとる。まず四つに割ってから丁寧にこの作業を行ない、透き通った実と汁はきちんと残すこと。また、実の薄皮を破らないよう気をつけること。氷砂糖一ポンドと水半カップを火にかけ、フォークにからまるくらいまで煮詰める。火から下ろし、熱いうちにオレンジの実を一つずつ漬けていく。オレンジをつまようじのような小さな棒に刺して漬けるとうまくいく。全部をシロップに浸したら、皿かボウルに美しく並べ、隙間にグラス一杯のマラスキーノ（注1）を加えたホイップクリームを飾る。

プディング

牛乳一クォート、卵六個（白身と黄身を別々に溶いておく）、小麦粉大さじ七を用意する。牛乳を火にかけ、煮立つ直前に卵と小麦粉を加える。ダマになってはいけないので、小麦粉を入れたら決して煮立てず、すぐに火から下ろす。この生地を三〇分間焼き、ワインソースかレモンソースを添えて食べる。牛乳を火にかける前にほんの少しだけ塩をふっておくこと。上手に手早くできると大変おいしい。必ず熱いうちに食べること。

胃腸のデリケートな人向きのデザート

米一カップを芯を残さず柔らかくなるまで煮る。リッチで甘いクリームを紅茶茶碗一杯分と酸味のあるゼリー（スグリが一番合うが、スモモ、イチゴ、レモンでもよい）半カップを加える。これを数分火にかけ、型に入れる。甘味をつけたクリームを添えて召し上がれ。

メレンゲプディング（美味）

パン粉一パイント、牛乳一クォート、卵四個を用意する。牛乳を一パイント分沸騰させ、パン粉にかけてなめらかに混ぜ合わせる。冷めたら砂糖一カップ、卵黄四個分、バターひと塊（卵一個大）を加える。よく混ぜ合わせ、残りの牛乳を加えて薄くのばす。桃のエッセンスかナツメグで香りをつけ、オーブンで焼く。焼くのは卵に火を通すためだけである。オーブンで長時間煮込んだりすると、ゼリーのようなとろみが失われ、牛乳も分離してしまう。表面にやや茶色く焦げ目がついたら取り出し、冷ます。冷めたらスモモやリンゴ、ブドウ、スグリなどの酸味のあるプリザーブかゼリーをのせる。最後にアイシングか、残った卵白を白砂糖一カップ強で泡立てたメレンゲを作り、レモンエッセンスで香りをつけて、プディングの上に広げる。もう一度オーブンに入れて焦げ目をつける。少人数の家族なら牛乳は一パイント、他の材料はすべて、ここにあげた半量でよい。どんなお客様に出しても失礼のない、エレガントな一品である。

とても簡単でおいしいプディング

ロールパンを薄切りにしてバターを塗る。プディング皿にパンを並べ、細かく砕いたスグリやシトロンを隙間に詰める。牛乳一クォート、卵四個、砂糖半ポンドでカスタードを作り、プディングにかける。香りをつけ、ふっくら焼く。

ココナップディングまたはパイ

ココナッツ一個を割り、汁（ココナツミルク）をとっておく。茶色の皮をはぎ、実はくりぬいて冷水に二〜三分漬けて冷やす。水気を拭き取り、すりおろす。ここに、ココナッツと同じ重さの白砂糖とその半量のバターを加える。ココナッツとバターと砂糖をクリーム状になるまでのばし、卵五個をよく泡立ててから加え、また牛乳一カップも入れる。最後に、ココナツミルクとレモン一個分の皮(すりおろしたもの)を加える。プディング型に入れるか、パイ皮をしいた型に入れてパイにして焼く。パイの表面はねじったパイ生地などできれいに飾る。

おいしいアイスクリーム

シチュー鍋に新鮮な牛乳一クォートを入れ、火にかける。沸騰するまでに、卵黄八個分と上白糖一ポンドを泡立てておく。泡立ったら、沸騰した牛乳を火から下ろし、そのまま五分間冷ましてから卵と砂糖に注ぐ。これを濾し、好みの香料(レモン、オレンジ、桃、バニラなど)を加える。さらに冷まし、フリーザー(注2)に入れる。フリーザーの周囲に細かく砕いた氷と粗塩を、口から五インチの高さまで詰める。生クリームが手元にあれば一クォートを木製のさじですくってフリーザーに入れ、アイスクリームと混ぜ合わせる。『五分間フリーザー』を使っているのなら回転棒をしっかり回し、そうでないなら一五分間手動で、つまり泡立て器などを用いてかきまわす。そしてもう一度氷と塩でまわりを覆う。溶けた氷と塩水を流し出し、もう一度氷を詰めて、食卓に出す前に固めておくこと。香りづけのエッセンスは大さじ二ほどあればよい。

レモンシャーベット

一ガロン分作る場合はレモン一〇個、小ぶりならば一〇個以上を用意する。冷水一〇クォートに氷砂糖二ポンド半を加え、レモン汁と合わせる。このレモン水をフリーザーに入れる直前に、卵白三個分と砂糖少々を泡立てたものと混ぜる。フリーザーに入れたら、まわりに氷と塩を詰める。アイスクリームよりは短時間で凍るはずである。パイナップルやオレンジで作ってもおいしい。

オレンジクリーム

オレンジ四個分の汁をしぼり、皮一個分を加えてソース鍋に入れる。水一パイント、砂糖半ポンド、泡立てた卵白五個分を加える。これを丁寧に混ぜ合わせ、固まらないように弱めの中火にかける。どろりとなるまで同じ方向にかきまわす。濾し器で濾し、冷めたら卵黄五個分と、生クリームか新鮮な牛乳一カップを加える。これを火にかけ、卵に火が通ったら火から下ろし、冷めるまでかきまわす。氷の上に置くか、フリーザーで冷やし固める。このクリームは凍らせなくてもおいしい。ルイジアナの食卓には頻繁に登場する一品である。

病人向けの大麦またはセージのフローズンクリーム

セージか大麦をきれいに洗う。これを一カップ用意し、全体がかぶるまで水を入れて火にかける。

柔らかくなるまで弱めの中火でゆでる。沸騰したらシナモンスティックを一本、または好みの調味料を入れる。柔らかくどろりとゆであがったら、火から下ろして濾す。ここにリッチなカスタードを加え、口に合うよう甘味をつける。好みでワインをグラス一杯入れる。凍らせてもよいし、そのままでもよい。病人の要望を尊重すること。

生クリームなしで作るアイスクリーム

生クリームが手に入らなければ、以下の手順でカスタードを作って代用しよう。牛乳一クォートにつき、凍らせると甘味が薄れるものなので非常に甘くなるまで砂糖を加える。これを火にかけ、沸騰したら火から下ろし、熱いうちに泡立てた卵黄八個分に注ぐ。牛乳の熱が卵に伝わるので、これ以上火にかける必要はない。休みなくかきまわすこと。バニラまたはレモンかアーモンドのエッセンスで香りをつける。バニラビーンズを使う場合は、牛乳に砂糖を入れる前にビーンズを牛乳に加えて煮立てておく。カスタードが冷めたら、型かフリーザーに入れる。フリーザーを持っていなければ、ふたつきの鍋またはやかんをフリーザーの代わりに使えばよい。鍋より半径が五～六インチ広い器を用意し、その中央に鍋を置く。鍋と器の間に砕いた氷と粗塩を入れていき、一番上に氷がくるようにして、全体を毛織物で覆って三〇分間おく。それから中身が凍るまで休みなく振り続ける。食卓に出す時間がくるまで覆いをしておくこと。

スパークリングゼラチンで作るワインゼリー

ゼラチンを一オンスか一オンス半、冷水一パイントに一時間ほど浸してふやかす。ゼリーが作れる状態になったら、熱湯四分の三パイントを注ぎ、溶けるまでかきまわす。溶けたら白砂糖一ポンド半、レモン一個分の汁と皮（すりおろしたもの）、好みの香料を小さじ一加える。卵白二個分を泡立て、さっと加える。弱めの中火にかけ、ことこと煮込む。煮立ったらすぐに火から下ろし、ワイン一パイントとレモンエッセンスまたはバニラエッセンス大さじ二を加える。布製のゼリー濾し袋で、透き通るまで濾す。濾す前に香料とワインをゼラチンに入れて煮立てる方法もあるが、それでは香りが逃げてしまう。ゼラチン、水、砂糖、卵を煮立てて濾すこと。ワイン一パイントはまだ温かいうちに加え、夏なら氷の上に、冬なら温度の低い場所に置いておく。誰にでもご満足いただける一品。

仔牛の脚のゼリー

仔牛の脚二本を水一ガロンに入れて一クォートの量になるまで煮詰める。熱いうちに濾して、冷ましておく。冷めたら、脂肪分と下に沈殿したかすを取り除く。このゼリーをシチュー鍋に溶かし、卵白六個分をよく泡立てて入れ、さらにワイン半パイント、白砂糖半ポンド、レモン汁四個分、すりおろしたレモンの皮一個分を加える。これを数分間ゆでて、フランネルの布で濾す。病中病後の人のおなかにやさしく、滋養のある一品である。レモンの皮をすりおろさず薄切りにして加えると、ますます見栄えもよろしい。

オレンジまたはパイナップルのアンブロシア

デザートか軽い夕食にぴったりの一品である。ココナツ一個と、オレンジ六個かパイナップル一個を用意する。ココナツはすりおろし、オレンジまたはパイナップルは薄切りにする。ガラスの鉢に最初にオレンジまたはパイナップルを並べ、グラニュー糖をまぶし、次にココナツを並べる。この順序で鉢いっぱいになるまで順番に重ねていく。最後にグラニュー糖をまぶしてできあがり。

ワインを使わないフローティングアイランド

卵白五個分にスグリゼリー少々を加え、かなり固くなるまで泡立てる。生クリーム一パイントに砂糖を加えて甘味をつけ、適当な香料を小さじ一加える。これを鉢に入れ、ゼリー入り卵白をさじを使って落としていく。生クリームが手に入らなければ、代わりにカスタードを使ってもよい。カスタードは新鮮な牛乳一パイント、卵黄二個分、白砂糖半カップで作る。

エッグノッグ

卵黄一〇個分にグラニュー糖小さじ一〇、新鮮な牛乳三パイント、最高級のブランデー（ウイスキーでも可）一パイントを加える。最後に卵白を泡立てて加え、かきまわす。

注1❈サクランボのリキュールのこと。
注2❈手動式のアイスクリーム製造機のこと。

プディング、パイ、ミンスミート

パイやタルトの作り方、焼き方について

焼き菓子の微妙な舌触りをいかにうまく引き出すかは、生地の作り方いかんであると同時に焼き加減も関わってくる問題である。従って、以下の指示を厳守すること。

パフ生地（注1）は強火で、熱が均等に行き渡るようにすること。オーブンが熱すぎると、縮んで丸まったり焦げたりしやすい。

タルトやショートニングを多く含んだ生地なら、若干、低めの温度がよい。

発酵させたパイ皮や軽いパイ皮を焼くときは、パフと同様に高温にする。

石炭で焼いていて火が足りなくなったら、石炭でなく棒切れか薪を足すこと。だいたい焼けているようなら、松の木切れを一本くべる。

家庭用のパイ皮（ショートニングが多めのもの）

小麦粉一ポンドをふるってボウルに入れ、無塩ラードかビーフドリッピング（注2）半ポンド、塩中さじ一を加えてこね合わせる。完全に混ざったら、よくつながるよう水を適量注ぐ。まな板（または直接、食卓の上にでもよい）とめん棒に小麦粉をまぶし、生地を一部とって、めん棒で四分の一インチ弱の厚さに伸ばす。これで体によく舌触りもよいパイ皮ができる。炭酸アンモニウム少々（小さいナツメグ大）を少量の湯に溶かして生地に加えると、さらに軽く繊細な味わいが出る。

本当においしいパフペースト

まな板の中央に小麦粉一ポンドを盛る。中央に穴をあけて卵一個を割り入れ、塩小さじ一、バターひと塊（卵一個大）も加える。水少量を少しずつ加えながら全体を軽く混ぜ合わせ、生地を作る。これを半インチの厚さにめん棒で伸ばす。バター一ポンドを六等分し、そのうちの一つを生地に広げ、生地を折りたたんでもう一度伸ばす。もう一度バターひと塊を広げ、折りたたみ、伸ばす。この作業をバターがなくなるまで、つまり六回行なう。終わったらこれでもう、パイにもパフにも何にでも使える。まな板とめん棒それぞれに打ち粉をし、生地を四分の一インチの厚さに伸ばす。焼き菓子を作るには木製のものより大理石でできたまな板やめん棒を使うほうが望ましい。そもそも、大理石のほうが長もちする。使用後はこびりついた粉などをはらい落とし、まず水で洗ってから熱湯をかけ、拭いて水気をとる。小麦粉は常にふるってから使ったほうがよいので、ふるいやざるをいつも手近に準備しておくこと。また焼き菓子を飾るには、おおかた仕上がった時点で卵黄一個分と牛乳少々を混ぜたものを塗ればよい。

パイ皮

小麦粉三カップ半、無塩ラード一カップ、塩小さじ一、ベーキングソーダ小さじ一、よく冷えた水一カップを、手をできるだけ使わず包丁で混ぜ合わせる。混ざったらめん棒で伸ばし、パイ皿にのせてから端を切り落とす。

バターミルクのパイ皮(体によい)

バターミルク(注3)一パイントにラードを紅茶茶碗で一杯強、塩小さじ一、ベーキングソーダ小さじ一を加え、小麦粉を適量混ぜて、柔らかな生地を作る。ラードと小麦粉は両手ですり合わせながら混ぜ、そのあと他の材料を入れること。柔らかくておいしいパイ皮ができる。

おなかをこわしたときのためのラードやバターを使わない団子の生地

小麦粉一パイントを器にふるい、塩をふる。熱湯をやかんの口から、小麦粉がこぼれないようにゆっくり注ぐ。さじで柔らかい生地になるまで混ぜ合わせる。手でふれられる温度になったら、よく打ち粉をしたまな板に移し、二～三回こねて伸ばしたらフルーツをくるむ。この団子の生地はおなかの調子が悪いときでもおいしく食べられ、油を使う昔ながらの作り方よりも軽く仕上がる。

ミンスパイ用の詰め物の作り方

乱切りにした肉を二ポンド用意する。これに皮や筋をとったスエット二ポンドを合わせ、さらに小さくなるよう切る。スグリ二ポンドを摘み、洗って乾いたら肉に加える。ここに、酸味の強いリンゴ四ポンドの皮をむいて乱切りにしたもの、レモン二個分の汁、レモン一個分の皮（ザク切りにしておく）、甘口のワイン一パイント、大きめのナツメグ一個をすりおろしたもの（または挽いたメース小さじ一）、砂糖三ポンド半、挽いたクローブ（またはオールスパイス）四分の一オンス、シナモン四分の一オンス、塩小さじ一強を加える。材料をよく混ぜ合わせ、石製の壺かびんに入れ、きっちりふたをする。冷たい場所に保存する。使う前にもう一度よくかき混ぜること。

ミンスパイ用の肉

軟骨、皮、筋などをとった柔らかい牛肉を一切れ用意する。ミンスパイ用の肉としてはタンやサーロイン、心臓、頭、脇腹などがよく使われる。なかでもタンとサーロインはミンスパイ向きである。肉をたっぷりの湯で、フォークを刺してみてばらばらになるくらいまで柔らかく煮る。これを冷まし、骨や軟骨を完全に取り除く。タンであれば皮をむき、小さめの乱切りにする。ここにリンゴ、干しぶどう、香辛料を加える。詳しくは前項「ミンスパイ用の詰め物の作り方」を参照のこと。

ミンスパイの詰め方と焼き方

パイ皿にパフペーストをしく。生地は硬貨二枚分の厚さに伸ばしておく。パイの中身を半インチの厚さまで入れ、パイ皿の端から指一本分あけたところまで広げる。上にかぶせるパフペーストをめん棒で伸ばし、パイ皿と同じ大きさの皿を逆さまに置き、皿の縁にそって端を切り落とす。皿をとり、包丁の先で皮の中央に小さな切り込みを三つ入れる。破らないように注意して持ち上げ、パイにかぶせる。指で下の生地に軽く押しつけ、強火のオーブンで四五分間焼く。かぶせる生地には卵黄一個分と牛乳少々を混ぜたものを刷毛で塗ってもよい。この方法で作ったパイは温かいうちに食卓に出す。

肉を入れないミンスパイ

スグリ一ポンド、皮をむいて乱切りにしたリンゴ一ポンド、細かく砕いたスエット一ポンド、ブラウンシュガー（少々湿らせておく）一ポンド、種をとり乱切りにした干しぶどう四分の一ポンド、オレンジ四個分とレモン二個分の汁、レモンの皮一個分（みじん切りにする）を用意する。ここにメースとシナモンを挽いたもの各大さじ一と、ブランデーをワイングラスに一杯分加える。材料すべてをよく混ぜ合わせ、涼しい場所に置いておく。このパイには焼き上がってからバター大さじ一を加える。中身を準備する段階では加えないこと。熱いうちに食べる。

オレンジパイ

大きめの新鮮なオレンジ二個分の汁と薄切りにした実に、黄色い皮をすりおろしたもの一個分を加える。卵黄三個分に砂糖一カップを加えて泡立てる。卵白は角が立つまで泡立て、牛乳一カップを加えておく。これら全部をよく混ぜ合わせる。用意したパフペーストに詰めて焼く。

レモンパイ

レモン三個は皮をすりおろし、汁をしぼっておく。グラニュー糖一カップ半とバター大さじ三を練り合わせる。卵黄四個分を泡立ててバターと砂糖に加え、最後にレモンと混ぜ合わせる。リッチなパフペーストに入れ、上に皮をかぶせずに焼く。パイを焼いている間、卵白四個分に氷砂糖一個を砕いて合わせ、泡立てる。パイが焼けたらこれを上に塗る。数分間だけもう一度オーブンに入れて、軽く焦げ目をつける。

クランベリーパイまたはタルト

傷のないクランベリーを一クォート摘む。水一パイントを加えてシチュー鍋に入れ、中火にかける。ブラウンシュガー一ポンドを加えて柔らかくなるまでぐつぐつ煮込む。銀のさじでつぶし、皿に移し替えて冷ましておく。冷めたらパイかタルト用に使う。クランベリーに小麦粉を加える人がいるが、大変な誤りである。これではクランベリーの色が悪くなってしまう。ただし、濾してみてゼリー状になっていなければ、とろみをつけるためにコーンスターチを小さじ一加えるのはかまわない。

豚とリンゴのパイ

通常の手順でパイ皮を作り（作り方は各種ある。本章冒頭を参照）、深皿に広げる。脂肪分の多い塩漬けの豚肉を薄く切り、リンゴも適量を薄切りにする。パイ皮にまずリンゴをしき、次に豚肉を並べる。リンゴと豚の間にはオールスパイス、こしょう、砂糖をまぶす。全部で三〜四段、一番上はリンゴで終わるように重ねていく。砂糖と香辛料をもう一度まぶし、上にパイ皮をかぶせて一時間焼く。素朴で体にもよい一品である。大家族で、しかもリンゴがたっぷりある季節なら、男の子向けに豚を抜いてただの「アップルパイ」を作れば経済的でもある。

ゆでて作るスモモプディング（絶品）

卵（調理の当日に泡立てて加える）以外の材料は、前日に下準備をしておくこと。パン粉一ポンドに牛乳一パイントを煮立てて加える。ここに乱切りにしたスエット一ポンド、バター半ポンド、砂糖一ポンド、ふるった小麦粉半ポンド、卵一ダース、干しぶどう一ポンド、スグリ一ポンド、シトロン半ポンド、挽いたシナモン大さじ一、クローブとオールスパイス大さじ一、挽いたナツメグ大さじ一、ブランデーをグラス一杯、レモン二個分の汁と皮を混ぜ合わせる。これを漂白していない綿の布で包み、口を縛る。プディングがふくれる余地を残しておくこと。五時間ゆでる。バターと砂糖で作ったソースを添えて食卓へ。プディングが残ったら蒸し直せば、できたてさながらにおいしく食べられる。

クリスマス用のスモモプディング

干しぶどう一ポンド半、スグリ半ポンド、パン粉四分の三ポンド、小麦粉半ポンド、牛のスエット四分の三ポンド、卵九個、ブランデーをワイングラスに一杯、シトロンとオレンジの皮の砂糖漬けを合わせて半ポンド、ナツメグ半個、おろしショウガ少々を用意する。スエットはできるだけ細かく切り刻み、パン粉と小麦粉を混ぜ合わせる。スグリは洗って水気を切り、シトロンとオレンジの皮は薄切りに、干しぶどうは種をとって半分に切る。これら全部を混ぜ合わせ、さらにすりおろしたナツメグとショウガ、泡立てた卵とブランデーを加える。材料すべてがしっとりするまでよくかき混ぜる。バターを塗った型にこの生地を入れ、布で包んで口をしっかり縛ったら六時間ゆでる。このプディングは食べる日の一週間前に作っても大丈夫。布に入れてゆで、乾燥した場所に吊るしておく。食べる当日には熱湯で二〜二時間半ゆでる。ひっくり返して皿にとり、前項と同様にソースを添えて食卓へ。

サツマイモのプディング

サツマイモ一ポンドか一パイントをゆで、まだ温かいうちに裏濾しする。裏濾し器は目が細かいほどよい。ここに卵六個をよく泡立てて入れ、さらにバター四分の三ポンド、砂糖一ポンドを入れる。レモンの皮をすりおろしたものとブランデー少々を入れて香りをつける。パイ皿にパフペーストをしき、サツマイモを入れてオーブンで焼く。グラニュー糖を表面にまぶす。これはアメリカ南部の料理で、美食家の食卓に彩りを添えるのにおあつらえ向きの品である。

夏にぴったりのアイスキャビネットプディング（禁酒家向け）

通常はふたつきの楕円形の型を用いる。型は小さめで、ふたがきっちり閉まるものがよい。スポンジケーキを厚さ半インチにスライスし、また型に詰められるように切り揃える。好みの香料大さじ一を薄めて、ケーキにしみ込ませる。次に、型に詰め物をする。スグリ、種なし干しぶどう、薄切りのシトロン、砕いたアーモンド、そしてケーキという順番で型がいっぱいになるまで交互に重ねていく。次に、牛乳一パイント、卵黄二個分、砂糖四分の一ポンド、香料（レモン、ローズ、アーモンドなどのエッセンス）小さじ半分でカスタードを作る。材料を混ぜて、固まらない程度の弱火にかける。長時間火にかけると凝固してしまうので気をつけること。ぐつぐつしだしたら火から下ろし、少し冷ます。ぬるくなったらプディングにかける。きっちりふたをして、氷と塩を合わせた中に埋め込む。上手にできればこれほど見事な味のデザートはない。

オムレッスフレプディング

卵白一〇個分を固く角が立つまで泡立てる。卵黄一〇個分とグラニュー糖四分の三ポンド、レモン一個分の汁と皮（すりおろしたもの）を混ぜて、泡立てる。ここに卵白を加えてかき混ぜる。厚底の皿にバターを塗って生地を入れ、すぐにオーブンに入れて一五〜二〇分焼く。オーブンから出したらそのまま食卓へ。ゼリーのようにぷるぷると震えているはずだ。焼き時間が長すぎるとおいしくない。またオーブンが熱すぎると焦げついてしまう。パイを焼くときと同じくらいの温度がよいだろう。

パリ風プディング

スポンジケーキを薄切りにしてガラス製の焼き皿の底にしく。ここにジャム（赤か黒のスグリのジャムが望ましい）を広げ、さらにケーキ、ジャムと交互に皿いっぱいになるまで重ねていく。できあがったらケーキの底までしみ込むようにたっぷりのシェリーを注ぐ。卵白四個分に氷砂糖を砕いて粉末状にしたものをたっぷり加えて、かなり固くなるまで泡立てる。これを表面にまんべんなく塗ってから、オーブンで焼く。

鳥の巣のプディング

ゼラチン半箱分に、ふつうにゼリーを作るときの半量の水を加える。濾せるくらいになったら大きな楕円形の皿（肉料理用の皿を使うと美しい）に注ぐ。縁までたっぷり入れ、そのまま固める。コーンスターチでブラマンジェを作り、バニラエッセンスで香りをつけ、適宜、甘味もつける。卵の殻（二つに割ったもの）を用意し、ブラマンジェが冷えて固くなる前に殻に入れる。殻が倒れてブラマンジェがこぼれ落ちないように注意しながら皿に並べて置いておく。レモンの皮から黄色い部分を何枚か薄くそぎ、細切りにして砂糖少々と水を加え、ぐつぐつ煮る。冷めたら皿のゼリーの上に飾る。このとき、丸い鳥の巣が二〜三個並んでいるように飾ること。ブラマンジェの入った卵の殻を壊してブラマンジェを取り出し、巣の中に卵が並んでいるようにゼリーの上に置く。見た目がかわいらしい上に、味も申し分ない。皿の縁にツタや月桂樹の葉をからませたりすると、さらに見る人の目を楽しませる。

カラスの巣のシナモン風味

焼き皿に料理用の酸味の強いリンゴを切って入れる。好きな大きさに切ってよい。砂糖、シナモン、レモンをまぶす。水一カップを注ぎ、さっくりしたパイ皮をかぶせる。これをオーブンに入れ、リンゴが柔らかくなるまで焼く。オーブンに入れる前に、パイ皮には空気孔の切り込みを入れておくこと。生クリームと砂糖、またはバターと砂糖で作ったハードソースを添えて食べる。ハードソースはバターと砂糖を硬めに混ぜ合わせ（ナイフで切れるくらいに硬く）、好みでナツメグ少々をすりおろすかシナモンをふって作る。

果物の田舎風プディング（安くておいしい）

このプディングなら生地なしで果物（ルバーブ、ベリー類、イチゴ、桃など）をおいしく食べることができる。バターミルク一クォートに卵一個、ベーキングソーダ小さじ一強、塩少々、小麦粉適量を混ぜ、固めの生地を作る。ここに、先にあげたような果物を乱切りにしてから入れて少しかきまわし、布の袋に包んで口を固く縛る。湯の入った鍋に袋を入れ、二時間ゆでる。砂糖と生クリームを添えて食卓へ。ゆでるのが面倒ならケーキ型に入れてオーブンで焼いてもよい。果物はふんだんに使うこと。

ライスメレンゲプディング

牛乳一クォートに米を半カップ入れて、柔らかくなるまでゆでる。甘味をつけ、冷ます。ここに卵黄四個分を泡立てて入れる。レモンの皮かレモンエッセンス、およびナツメグを加えて香りをつけ、プディング皿に入れて焼く。冷めたら、卵白に白砂糖（ふるったもの）一カップを加えて泡立てたものをのせる。軽く焦げ目がつくように再度焼く。レモン、ローズ、バニラのエッセンスなどで香りをつける。

手早くできるプディング

クラッカーを数枚、半分に割り、それぞれ中央に干しぶどうをはさむ。そのまま布に包み、しっかりと口を縛って一五分間ゆでる。バター、ワイン、砂糖、ナツメグで濃いめのソースを作って添える。

おいしいパンプディング

薄切りの食パン数枚にバターを塗り、スグリとシトロンを間にはさんで焼き皿に並べる。上から牛乳一クォート、泡立てた卵四個、たっぷりの砂糖をかけてオーブンで焼き、ソースを添える。手軽に作れてとてもおいしい。あつあつでも冷めてもおいしく食べられる。

フライパンで作るフランス風プディング

卵四個を牛乳一クォートと泡立て、甘味と香りをつける。市販のパンを何枚か薄切りにし、卵と牛乳をたっぷりしみ込ませる。これをバターを熱したフライパンに入れて焼く。少人数の家族であれば、この半量で充分である。

私の特製プディング

牛乳一クォートを火にかけ、沸騰させる。この間にメイゼナかコーンスターチ一カップを水適量と混ぜ、どろりとした生地を作っておく。この生地に白砂糖一カップ、卵黄四個分を加える。牛乳を火から下ろし、生地と混ぜ合わせる。数分間よくかき混ぜたら焼き皿に入れ、卵に火が通るまで一〇分くらい軽く焼く。プディングを取り出し、熱いうちにゼリーかジャムを表面にたっぷり塗る。卵白を砂糖一カップと泡立て、ゼリーの上に広げたら、焼いて焦げ目をつける。

タピオカクリーム

タピオカ小さじ二を少量の水に二時間漬けておく。牛乳一クォートを煮立たせ、タピオカと卵黄三個分（砂糖一カップ半を加えてよく泡立てたもの）を入れる。一度沸騰させたら冷ます。卵が固まってしまうので長く火にかけておかないように。卵白を泡立て、上にのせる。あるいは卵白を牛乳少々と火にかけて煮立たせ、上からかけてもよい。食事の時間まで氷の上で冷やしておく。回復期の病人や栄養が必要な病人にぴったりの、胃腸にやさしく栄養満点のクリームである。

おいしいライスカスタード

ゆでた米を大さじ二用意する。ぱさぱさしていたら少量の湯で洗えばよい。米を鍋に入れ、バター大さじ一、卵三〜四個（泡立てておく）、新鮮な牛乳一クォート、種なし干しぶどう一カップを加える。またかなり甘くなるように砂糖を入れる。香りはナツメグと、レモンまたはバニラエッセンスでつける。軽く焼く。オーブンに長時間入れると牛乳が水っぽくなり、カスタードにゼリーのようなとろみがなくなってしまう。子どもの口に合い、おいしくて経済的にできるデザートである。子どもに干しぶどうを与えるのに賛成しない向きは干しぶどうを省略してよい。

アップルポットパイ

まず生地を作る。小麦粉一パイントとラード小さじ山盛り一をすり合わせる。塩少々をまぶし、全体がぽろぽろの小さな玉の集まりのようになるまで行なう。こうなったら水を入れてしっとりとさせ、今度は全部がひとまとまりになるまでこねる。これで生地はできた。これ以上こねたり手を加える必要はない。この方法ならば調理人の力量を問わず、誰でも簡単に、おいしいパイ生地を作ることができる。一度このやり方を知ってしまったら、めん棒で伸ばしてラードを入れてバターを包んで、というおなじみのやり方には戻れない。

次は果物の下ごしらえである。リンゴ一二個の皮をむき、芯をとって四つに割る。オーブン用の鍋に入れて、砂糖一カップ強、適当な香辛料を大さじ一、糖蜜大さじ二、バター大さじ一を加える。リンゴが隠れるまで水をかぶせ、オーブンで焼き、ぐつぐつ煮込んで焦げ目をつける。リンゴが柔らかくなりはじめたら、小麦粉少々を振り入れる。これはリンゴから出る汁を水っぽくしないようにするためである。

生地をめん棒で伸ばす。鍋の縁に沿って余分な端を切り落とし、上にかぶせる皮とする。余った生地で団子を作り、リンゴの間に置く。皮を半分に折り、折り目の部分に斜めに切り込みをいくつか入れる。皮を広げて鍋の上にかぶせ、軽く焦げ目をつける。皿にのせて食卓へ。食べる際にクリームを添えてもよい。

注1※ミルフィーユなどに使われる、焼き上がりの層のきれいな、いわゆる折りたたみパイ生地のこと。

注2※牛肉をローストしている間に出る脂。

注3※牛乳を攪拌してバターを作り終えた後に残った液体のこと。

クレオールのことわざから

Toutt jour c’est pas dimanche.（Tous les jours ne sont pas le dimanche.）

毎日が日曜日ではない。【ルイジアナ】

C’est lhé vent ka venté, moun ka ouer lapeau poule.（C’est quand le vent vente qu’on peut voir la peau de la poule――lit.: que le monde peut voir.）

風が吹くときにこそ、鳥の地肌が見える（本性は逆境においてあらわれる）。

【トリニダード】

（『ゴンボ・ゼブ』一八八五年）

プリザーブ、シロップ、ゼリー

保存食作りのヒント

鍋は両側に取っ手がついていて、大きく、浅いものを使うこと。少しだけ作るのならば小ぶりの鍋でもよい。暖かい季節ならば、炭でおこすかまど（七輪のようなもの）を使うのが理想的である。これならばどこにでも移動できるので台所に熱がこもらずにすむ。プリザーブやピクルスを作る際の火加減は必ず弱火である。

プリザーブには氷砂糖を使う。長く暑い夏の間も発酵しにくいからである。

ゼリーを濾す袋は綿製でも麻やフランネル製でもよい。いわゆる昔風の女性用手さげ袋や巾着のように口にひもが通してあるものは、口を縛って吊るしたまま濾せるので便利である。

ラズベリーやイチゴなど色の濃い果物をプリザーブにするときは、ブラウンシュガーは使わないこと。色が濃くなってしまうからだ。いや、より正確に言えば、黒ずんで汚い色になってしまうのである。

保存にはふたを開けずとも中身がひと目でわかるガラス製の容器がよいだろう。プリザーブを入れたら、びんの口はコルクできっちりふたをし、封蠟で密封しておくこと。

プリザーブの作り方――基礎

プリザーブは、ふつうの果物を使うのならゼリーより簡単に作れる。果物の目方をはかり、一ポンドにつき砂糖一ポンドを使う。砂糖一ポンドに対して水半パイントの割合でシロップを作る。シロップを透明になるまで煮立てたら果物を入れ、よく火を通す。実が透き通るまで弱火で煮込む。

ピクルスやプリザーブを緑色に着色する方法

真鍮の鍋にブドウの葉をしき、果物を半分だけ入れたらもう一度ブドウの葉をかぶせ、さらに果物を入れ、葉を重ねる。最後は葉で終わらせ、上にみょうばんを挽いたものを小さじ一まぶす。たっぷりの水をかぶせ、そのまま弱火で煮立てる。発色が悪ければ葉を足し、重曹少々をまぶす。緑色になったら広げて冷ます。その後、好みのプリザーブ、ピクルスにする。

桃のプリザーブ

桃を丸のままプリザーブにしたければ、白いクリングストーン種（種離れの悪いもの）を用いること。黄色い桃のほうがきれいで透き通ったプリザーブになるが、入手が困難なのが玉に瑕だ。皮をむき、目方をはかる。実一ポンドにつき砂糖一ポンドと水半パイントを用いてシロップを作る。シロップを煮立たせ、卵一個を加えて透明感を出し、アクが出たら取り除く。シロップを煮立たせている間、桃は水に漬けておく。果物は空気に触れると黒ずんでしまうが、水に漬けておけば発色が保たれる。シロップが透明になったら桃を入れる。弱火で三〇分間煮込み、皿にとって二時間おく。もう一度シロップに戻し、実が透き通るまで煮立たせる。できあがったら広口びんに入れ、シロップを注ぎ、食べるときまでコルクと封蠟で密封しておく。

桃のプリザーブ　その二

桃六ポンドは皮をむき、適宜切る。上白糖六ポンドを実が隠れるまでたっぷりとかぶせ、そのままひと晩置いておく。翌朝早く水三パイントを加え、一時間煮る。アクはこまめにとること。大皿に桃を取り出し、シロップはそのまま弱火で煮立たせておいてさらにアクをとる。大皿にのせた桃は少なくとも二時間日光にさらし、固くする。このように桃をシロップに入れ、取り出すという作業を何回か繰り返すと、桃の身がしまって、透明感も増す。最後に実をシロップに戻し、透き通るまで弱火で煮込む。桃は丸のままよりも切り分けておいたほうが保存しやすい。ただし、切ると香りが少々とんでしまう。あらかじめ切ってから作るなら、煮立てる時間は少なくてよい。プリザーブ作りのヒントとして覚えておくとよいだろう。

パイナップルのプリザーブ

パイナップルのごつごつした部分は全部切り落とし、実をそれぞれ同じ形になるよう四等分する。実が隠れるまで水を加え、切り落とした芯なども全部入れて煮込む。こうするとシロップの香りがいっそう豊かになる。実が柔らかくなったら、取り出して目方をはかる。実一ポンドにつき、砂糖一ポンドとパイナップルのゆで汁一カップでシロップを作る。ゆで汁を濾して砂糖と混ぜ合わせ、一五分間煮ればよい。アクをとり、実を加え、実が透き通って完全に柔らかくなるまで煮込む。

梨も同じ要領でプリザーブにすると大変おいしい。あらかじめ煮ずに直接シロップに入れるやり方が普及しているが、それでは硬く筋が残り、革を砂糖で煮たような味になってしまう。

スモモのプリザーブ

熟れ切る寸前のスモモをもいでくる。スモモ一ポンドにつき砂糖一ポンドと水半パイントを用意し、まず砂糖と水を煮立ててシロップを作る。かなりどろりとするまで煮たらスモモを入れ、実が透き通るまで煮込む。広口びんに入れて封蠟で密封する。

イチジクのプリザーブ

前項の手順にならい、砂糖と水を煮立ててシロップを作る。イチジクは完全に熟していると溶けてしまうので、まだ硬いものを用意し、プリザーブを作る前日にみょうばんをふって置いておく。当日、水洗いし、煮立ったシロップに入れる。実が透き通るまで、三時間くらい煮込む。広口びんに入れ、封蠟で密封をする。

スイカの皮のプリザーブ

スイカの外側の硬い皮を用意する。緑の部分をこそげ落とし、内側の柔らかい部分は切り落とす。好みの形に（星形でも三日月形でもひし形でも）切る。みょうばん、ブドウの葉と一緒に煮て、固く、緑色になったら目方をはかる。皮一ポンドにつき砂糖一ポンドと水一カップの割合でシロップを作る。シロップが透明になって煮立ったら、切った皮を入れて透き通るまで煮る。緑色の皮ならばショウガを、黄色の皮ならレモンを入れて香りをつける。皮を黄色に着色したければ、最初に新鮮なレモンの皮とサフラン少々を加えて煮ればよい。

フルーツゼリー各種

果物を洗って水気を切り、石製の容器に入れ、容器ごと水をはった鍋に入れて火にかけ、湯せんする。沸騰させるが、湯が果物にかからないよう注意すること。果物は柔らかくなるとどろどろに崩れてくる。この状態になったらフランネルの袋に入れて濾す。ただし色が黒ずむので決してしぼらないこと。濾し汁一パイントにつき白砂糖を一ポンドから一と四分の一ポンド、卵白半個分を泡立てたものを用意する。これらを手早く煮立て、アクをとる。このとき、ゼリーが固まりにくくなるので決してかき混ぜないこと。二〇分間煮立てたら冷水に少量とって、ゼリーになったかどうか確かめる。まだだったらもう少し煮る。煮立てすぎたり火が弱すぎると、固まらずねばねばしてしまう。また、砂糖を入れすぎるとダマになる。砂糖の分量は果物の性質によって変わってくる。酸味の強い果物であれば多めがよいし、熟れ切った果物ならば少なめがよいだろう。赤スグリならば黒スグリよりも砂糖を多めに入れる。スグリを煮込むときは時間も若干、長めがよい。

料理に喜びを見いだす者ならば誰でも、練習を繰り返し、失敗を重ねれば、申し分のないゼリーやプリザーブを作れるようになるものである。

クラブアップル（注1）のゼリー

リンゴのゼリーの中でもとりわけおいしいゼリーである。リンゴを洗い、切り分ける。傷や種、へたはすべて取り除くが、皮はむかないこと。プリザーブ用の鍋に並べ、水をたっぷりかぶせる。実が柔らかくなるまで火にかける。ただし、煮すぎてどろどろにならないようにすること。水気を切ったら、銀のさじの背でリンゴをつぶす。これをゼリー用濾し袋に入れ、下に深皿を置いて汁を濾す。汁一パイントにつき氷砂糖一パイントを加えて煮立て、アクをとる。ここまでの指示をちゃんと守っていれば、三〇分もすればタンブラーなどの器に移してもよい状態になるだろう。ゼリーは必ず銀のさじですくうこと。そうでないと色が黒ずんでしまう。私は、新しい錫製の玉じゃくしですくったがために黒ずんでしまったプリザーブを見たことがある。エレガントな菓子を食べたければ、こうした細かいことにも気を使わねばならない。

ブラックベリーのゼリー

ブラックベリーに水少々を加え、柔らかくなるまで火にかける。水を捨て、ベリーをつぶして汁をしぼる。汁一パイントにつき白砂糖一ポンドを用意する。これをプリザーブ用の鍋に移し、さっと煮立てる。ただし、ゼリーが崩れるので煮立てている間はかきまわさないこと。ゼリーを崩さないように注意してアクをとり、全体がとろりとゼリー状になったらタンブラーか小さめの容器に移す。念のために申し添えれば、私はベリー一六クォートをたった二時間でゼリーにしたことがある。新米主婦が失敗しがちなのは、ゼリーを弱火で長時間煮込みすぎるからだ。これではねばねばした

「ゼリー状の代物」になってしまう。

水を使わないリンゴのゼリー

リンゴは皮をむき、芯をくり抜く。汁気が多く酸味の強いものが望ましい。これを鍋に入れてきっちりとふたを閉め、柔らかくなるまで火にかける。裏漉しし、汁一パイントにつき砂糖四分の三ポンドを加える。卵白一個分を混ぜてゼリーを透き通らせ、煮立ったらアクをとる。ゼリー状になったらすぐに火から下ろし、ガラスの器に盛る。

ジャム

以下の方法ならば、熟れた果物は何でもジャムにできる。特にブラックベリー、イチゴ、ラズベリーを使うとおいしいようである。果物の重さをはかり、一ポンドにつき砂糖四分の三ポンドを用意する。ビスケット叩きの棒で、よくつぶれるまで果物と砂糖を叩きつぶす。果物一ポンドにつき水を一ジル加える。弱火で（ゼリーを作るときのように強火でなく）ゼリー状にとろりとなるまで火にかけ、できあがったらガラスの器か素焼きの器に入れる。冷めたら覆いをする。このジャムは、夏には下痢の特効薬となる。病人向けにするのなら香料を加え、ジャム一ポンドにつきブランデー一ジルを入れること。

トマトのジャム

熟れたトマトの皮をむき、種をとる。汁は砂糖と混ぜるのでとっておく。トマトの目方をはかり、トマト一ポンドにつき四分の三ポンドの割合で砂糖を加える。レモン（トマト一ポンドにつき一個）を柔らかくなるまで煮て、果肉を細かくつぶして種を取り除いたら、砂糖とトマト（汁も）を加える。弱火にかけ、銀のさじでなめらかになるまでつぶす。なめらかなゼリー状になったらできあがり。ガラスの器で保存する。

オレンジマーマレード（美味）

オレンジを四つ割りにし、種と白い筋を取り除く。実一ポンドにつき水一カップを加え、このまま二四時間置いておく。外皮の一部は何度か水を替えながら、かなり柔らかくなるまで煮る。実一ポンドにつきゆでた皮を四分の一ポンド、白砂糖を一と四分の一ポンドの割合で加える。これを、全体がゼリー状になり、皮がだいたい透き通るまで弱火で煮込む。

蜂蜜入りのオレンジマーマレード

大きめの熟れたオレンジを一二個用意し、四つ割りにする。皮、種、筋を取り除く。ただし、汁は一滴残さずとっておくこと。汁と実、それと同量の蜂蜜（裏濾ししておく）、蜂蜜の三分の一の量の砂糖を鍋に入れる。全体がどろりとして甘く透明になるまで煮込む。冷めたら小さなびんに詰める。

果物をキャンデーにする方法

桃やマルメロ、スモモ、シトロンをプリザーブにしたら、シロップから取り出し、ざるで汁気を切る。氷砂糖一ポンドに水を小さめのカップ一杯分加え、砂糖が溶けたら中火にかけて煮立てる。沸騰したら果物を入れ、ざらざらの砂糖が果物にくっつくまでよくかき混ぜる。できあがったら火から下ろし、温めたオーブンに入れて乾かす。もし砂糖がうまくからまっていないようなら、できるまでこの作業を繰り返す。

カボチャのキャンデー（砂糖漬け）

カボチャは皮をむき、薄切りにする。ブラウンシュガーと水を合わせてどろりと濃いシロップを作る。ここにレモン汁少々を加えてから、カボチャを入れる。カボチャがキャンデー状になるまで煮立てる。好みで、レモンの代わりにメースその他の香辛料を使ってもよい。夕食で肉料理のつけあわせとして温かいうちに食べてもよいし、冷まして軽い夕食や昼食にしてもおいしい。

オレンジシロップ

このシロップは驚くほど簡単に作れる。ルイジアナではオレンジが豊富なので、収穫期に作り置きしておくとよいだろう。シロップ用にはよく熟れて、皮の薄いオレンジを選ぶこと。汁をしぼり、汁一パイントにつき白砂糖を一と四分の一ポンド用意する。これらを弱火で煮立て、あがってきたアクは全部とる。火から下ろし、冷めるのを待ってからびんに詰める。コルクで栓をするのを忘れないこと。夏バテしやすい人はそのまま飲んでもよいし、プディングのソースにも向いている。プディングのソースにワインを使いたくないときに、このオレンジシロップ半カップを溶かしバターに混ぜて使うとよい。かぐわしい香りなので、香料を全く使わなくてもすばらしい口あたりである。

注1❖酸味の強い、小粒のリンゴのこと。

牛乳屋

果物のブランデー漬け、果実酒やリキュール

桃のブランデー漬け

桃の外皮のけばだちがとれるまで、アクあるいはアルカリ液に漬けておく。よく拭き、今度は水に漬ける。作りたいだけの量の桃にこの下ごしらえを行なったら、桃一ポンドに対して白砂糖四分の三ポンドを用意する。砂糖に水を少なめに加え、プリザーブと同じ要領でシロップを作る。シロップに桃を入れて柔らかくなるまで煮る。桃を鍋から取り出し、広口びんに入れる。残ったシロップ一パイントにつきブランデー一パイントを混ぜてブランデーシロップを作り、びんに注ぐ。これを焦げないように気をつけながら火にかけ、ロージン（注1）を溶かしたもので密封し、冷暗所に保存する。

杏のブランデー漬け

杏は桃と同様の手順で漬ければよい。できるだけ新鮮なものを使う。杏は柔らかくなるのが早いので、熟れたらすぐに木からもぐこと。目の粗いふきんで一個一個こする。ただし皮はむかない。杏の重量の半分の砂糖に、それが溶ける程度の水を加えてシロップを作る。シロップができたら、熱いうちに杏を入れ、柔らかくなるまでことこと煮込む。杏を取り出し、皿に広げて日光にさらす。あるいは、温めたオーブンで乾燥させて硬くしてもよい。シロップをもう一度煮立たせ、とろりとさせる。アクを丁寧にとること。杏が冷めて、身がしまったら素焼きの広口の器に入れ、シロップとブランデーをいっぱいまで入れる。びんの口に動物の胆嚢をかぶせてひもで縛る（注2）。

ニワトコの花入りの干しぶどう酒

干しぶどう六ポンドを水六ガロンで煮る。柔らかくなったら実をこすり出し、裏濾しして種を除く。実をゆで汁に戻し、白砂糖一二ポンドとイースト半パイントを加える。汁が澄んだらニワトコの花半ポンドを吊るして入れ、香りをつける。花を取り除いてから、びんに移す。

オレンジ酒、レモン酒

オレンジ一〇〇個の皮をむき、白い筋も完全に取り除く。実に熱湯を一〇ガロン加え、やや温かい場所に一〇時間置いておく。実を取り出して汁をしぼり、これに角砂糖二五ポンドと良質のイースト大さじ数杯を合わせて、実を漬けておいたオレンジ水が冷めないうちに加える。このまま五日間発酵させるか、発酵し終わって酒が透き通るまで置いておき、びんに詰める。レモン酒も同様の手順で作る。

ミックス果実酒

サクランボ、黒スグリ、ラズベリーを混ぜるとおいしい果実酒ができる。果汁を水で薄め、通常の手順どおり砂糖を加え、発酵させる。発酵したらびんに移す。

極上のブラックベリー酒

ブラックベリーをつぶし、目方をはかる。一ガロンにつき熱湯一クォートを入れる。そのまま二四時間おき、その間二〜三回かきまわす。三日経ったら汁を濾し、濾した液体一ガロンにつき上白糖二ポンドを加える。きつくコルクで栓をし、涼しい気候になるまで置いておく。その頃には、もうこれなしではいられないほどおいしいお酒ができあがっていることは間違いない。

ブラックベリーのリキュール

熟れたブラックベリーにたっぷりの水をかぶせて、とろ火で煮込む。実が柔らかくなったら取り出し、つぶして、丈夫な布で濾す。このとき、できるだけ多く果汁を得られるようにしぼってもよいが、実や種まで濾し出さないように気をつけること。ここにブラックベリーのゆで汁少々を加える。ゆで汁の量は、しぼり汁一パイントにつき大さじ二またはそれ以下で十分である。さらに、しぼり汁一パイントにつき氷砂糖一ポンド、メース小さじ一、クローブとシナモン各小さじ一を加える。数分間火にかけて煮立たせ、もう一度濾して、香料などを取り除く。このシロップが冷めたら、一パイントにつきワイングラス一杯の上等なフランス産ブランデーを注ぐ。ブランデーが手元になければラムかウイスキーでもよい。後者ならばブランデーの倍量が必要である。このリキュールは優れた強壮剤になるので、子どもが暑気あたりを起こしたときや、虚弱体質の人に与えるとよい。

トマト酒

トマトがよく熟すまで置いておき、熟したらきめ細かくつぶす。このまま一日おいてから濾す。濾し汁一クォートにつき白砂糖一ポンドを加える。このまま置いておけば自然に発酵するし、むろん発酵させる必要があるのだが、その際にはハエなどが入らぬようにきちんとふたをしておくこと。泡が浮かんできたら取り除き、にごりがなくなって透き通ったらびん詰めにする。酸味のきつい酒なので、砂糖と水で薄めてタンブラーに注ぎ、飲むとよい。

アルコールの入っていないおいしい飲み物

レモン一二個分の果汁に上白糖一ポンド半を加える。ラズベリーかイチゴ一クォートを用意する。熟れたパイナップル一個の皮をむき、実を薄切りにして、砂糖半ポンドをまぶす。ラズベリーまたはイチゴをつぶし、パイナップルも少しつぶしてから全体を細かく切り刻む。レモン汁を大きなパンチボウルに移し、氷水を三クォート、ラズベリーかイチゴとパイナップルを加え、砂糖が全部溶けるまでかき混ぜる。これを氷の上に置いて冷やす。パンチ用のグラスに入れて供する。

注1※松やにからテレピン油を蒸留したあとの残留樹脂。
注2※袋状になっていて水を通さない動物の胆嚢や膀胱は、液体を持ち運んだり、食物に水をかぶせないようにする目的で使われていた。

クレオールのことわざから

Moin pas ka prend dithé pou fiève li.(Je ne veux pas prendre du thé pour sa fièvre.)

彼の熱のためにお茶を飲もうとは申し出ない。【マルティニーク】

——言い換えれば「誰かが熱を出しているからといってお茶を飲もうとはしない」。すなわち「他人の厄介ごとにわざわざつきあわない」ということ。ここで言うお茶とは、昔からのクレオールの習慣として発熱したときに飲むもの、つまり黒人の乳母が出してくれる煎じ茶のことを指している。おそらくはニューオーリンズでデング熱＊にかかった人に飲ませる、解熱作用のあるサッサフラスか、オレンジの葉のお茶を指すのだろう。

（『ゴンボ・ゼブ』一八八五年）

＊伝染性の熱帯病。

病人や病み上がりの人のための胃腸にやさしい料理

トーストの飲み物

全粒粉で作った食パンを二〜三枚スライスして、かなり茶色く焦げ目がつくまでトーストにする。まだ熱いうちに小さめの水差しに入れ、水を一パイント半注ぐ。好みで砂糖を加えてもよい。しかし、胃が痛むようなら砂糖なしのほうが安全だろう。

ヒキワリトウモロコシまたはオートミールの粥

水一クォートをシチュー鍋で煮立てておく。ここに、ヒキワリトウモロコシあるいはオートミール大さじ一に牛乳と塩を加えてどろっとさせたものを入れ、半時間ほど弱火で煮る。食卓に出すときは甘味をつけ、すりおろしたナツメグを加える。栄養価をさらに高くしたければバター少々、ワインかブランデーをグラスに一杯加えてもよい。病人にはひまし油（注1）または催吐剤を飲ませた後で与えるとよい。塩はほんのちょっぴりだけ入れる。

虚弱体質の人向けの濃い牛肉のスープ

柔らかい赤身の牛肉を細切れにし、脂肪や筋を取り除く。これをびんに詰め、コルクできつく栓をして、熱湯を入れた鍋に漬ける。このまま三時間煮立てる。こうすれば肉汁の栄養分を凝縮したものを摂取できる。また、胃が液体しか受けつけないときに栄養をとることもできる。

気つけ薬または強壮剤としての牛乳パンチ

一パイントは入るような大きめのコップを用意し、砕いた氷をいっぱいに入れ、白砂糖大さじ一強を加えて軽くかきまわす。ジン、ラム酒、ブランデーのいずれかをワイングラスに一杯と、新鮮な牛乳をコップの縁まで加える。他の強壮剤を全く受けつけない病人の口にも入る一品である。

虚弱体質の人向けのアップルティー

よく熟したリンゴを薄切りにし、新鮮なレモン一個分の皮を加える。熱湯をかけ、冷めるまで置いておく。冷めたら氷砂糖で甘味をつける。風味がよく、熱冷ましの効果がある。

焼きリンゴ

錫の天板にリンゴを並べる。鉄の天板だと色が悪くなってしまう。リンゴに糖蜜をかけ、柔らかくなるまでオーブンで焼く。便秘気味の病人の胃腸の動きを活発にする。

牛乳粥

牛乳一クォートを煮立てる。小麦粉大さじ一に冷たい牛乳と塩少々を加えて練り合わせ、これを煮立った牛乳に混ぜ入れる。沸騰させたまま五分間かき混ぜる。好みの調味料や香料を加える。氷砂糖やおろしたナツメグをたっぷりまぶして甘味をつけると、優れた下痢の特効薬ができる。

タピオカミルク

タピオカ大さじ一強を洗って、水に漬けておく。これを牛乳一クォートと合わせ、塩少々を加えたら、ふたをして一時間、弱火でことこと煮込む。火から下ろし、好みで砂糖とナツメグ、またはシナモンを加える。

シラバブ

大きめのレモン一個の汁をしぼり、黄色い皮は薄切りにしておく。ブランデーをグラスで一杯、白ワインをグラスに二杯、グラニュー糖四分の一ポンドを用意する。これらを鍋に入れ、ひと晩このまま置いておく。翌日、濃いめの生クリーム一パイントと卵白二個分をよく泡立てて加える。全体が泡立つまでよくかき混ぜ、ゼリー用のグラスに注いで食卓へ。

マデイラかポルトのワインサンガリー

グラス半杯の水に粉砂糖大さじ一を加え、砂糖が溶けるまでよくかき混ぜる。マデイラワインかポルトワインを一ジル加える。すりおろしたナツメグと砕いた氷も加える。小さく切った淑女のケーキかパウンドケーキに添えて食卓へ。

イチゴシャーベット

イチゴを一五オンス摘み、すり鉢で擂ったら水一クォートを加える。これを器に入れ、輪切りのレモン一個分、橙花水小さじ一を加えて二〜三時間そのまま置いておく。別の容器に砂糖一八オンスを入れ、布をかぶせる。イチゴを布の上にあけて濾し、できるだけ多くの果汁が砂糖に落ちるようにする。だいたい濾せたら、布をしぼって汁を最後まで濾し出す。汁で砂糖が完全に溶けたら、もう一度裏濾しをする。そして食卓に出す時間まで器ごと氷の上で冷やしておく。

アーモンドカスタード

アーモンド四オンスを熱湯にくぐらせて皮をむき、水小さじ一を加えてきめ細かくすりつぶす。生クリーム一パイントとローズウォーター小さじ二を泡立て、卵黄を四個分と、かなり甘味がつくよう砂糖をたっぷり加える。アーモンドを入れてとろ火にかけ、とろみが出るまでかき混ぜる。ただし沸騰させないこと。カスタード用のグラスに注ぐ。

スポンジケーキのプディング

硬くなったスポンジケーキや、果物などが入っていないケーキ（何でもよい）を適当な塊に崩し、牛乳一パイント強と卵二〜三個を泡立てて混ぜ合わせる。これを焼けばおいしいプディングになる。ソースは砂糖とバターを泡立てたものを添える。

ディンプル（えくぼ）

卵白三個分を角が立つまで泡立てる。砂糖四分の三ポンドを少しずつ加え、全体がよく混ざるまで行なうこと。アーモンドを湯むきし、豆粒大くらいに小さく切って卵白に加える。卵白三個分につきアーモンドは四分の三ポンドあればよい。鍋に白い紙をしき、生地を硬貨大ほど、さじですくって落としていく。低温のオーブンで焼く。

チョコレートキャラメル

チョコレート半ポンド、ダークブラウンシュガー三ポンド、バター八分の一ポンド、牛乳を紅茶茶碗一杯弱、以上を合わせる。香りづけにはバニラエッセンスや、すりおろしたレモンやオレンジの皮などを使う。かき混ぜながら強火でさっとひと煮立ちさせる。水に落としてみて固まるまでになったら火から下ろす。さらに少しだけかきまわしてから、バターを塗った皿に入れる。冷め切る前に、小さめのさいころ状に切り分ける。硬いキャラメルが好みであれば、かき混ぜなくてよい。かき混ぜると「砂糖のように甘ったるく」なってしまう。すりおろしたレモンやオレンジの皮で香りづけをするならば、キャラメルを火から下ろしたときに入れること。

注1※ひま（とうごま）の種からとれる油。下剤に用いる。

コーヒー、お茶、チョコレートなど

チョコレートドリンクの作り方

高級チョコレートを削る。削ったチョコレート小さじ一強につき牛乳（または牛乳と水）半パイントを混ぜ合わせる。これをひと煮立ちさせたら、料理用ストーブの後方（火力の弱いほう）に置いておく。こうしておけば、いつでも欲しいときに飲める。

チョコレートドリンクの作り方　その二

チョコレートを削るかすりおろす。一人分（一カップ）につき大さじ山盛り一のチョコレートが必要である。この分量のチョコレートに対し、牛乳（また牛乳と水）を半パイント用意する。チョコレートを冷たい牛乳少量と練り合わせる。別鍋に残りの牛乳を沸騰させ、練ったチョコレートを混ぜ入れる。ひと煮立ちさせたら、ふたをし、保温できる場所（ストーブの後方）に置いておく。これでいつ食卓に出しても大丈夫。温めたビスケットかロールパンに添える。できあいのチョコレートでない場合は甘味を加えたほうがよい。

お茶（緑茶と紅茶）

お茶を淹れる前には、必ずポットを熱湯で温めておくこと。温め用の湯を捨てたら、一人につき小さじ一のお茶の葉を入れる。まず熱湯を半パイント注いで、お茶の葉を浸す。発酵させない緑の葉なら五分間、発酵させた黒い葉（紅茶）なら一〇分間が目安である。その後、人数に応じて熱湯をさらに注ぐ。紅茶と緑茶を合わせて淹れると、緑茶だけを飲むよりも健康によいとされている。

コーヒークリーム

ブラックコーヒーを三カップ用意し、たっぷりと甘味をつけ、生クリーム一パイントを加えて三分の一の量になるまで煮詰める。

コーヒー

最高級のコーヒーといえばオールドジャワかモカである。焙煎器を使えれば申し分ないが、なければ鉄のポットでもうまくいく。焙じる前に、少しずつ乾燥させること。本格的なフランス式の淹れ方は「ドリップ式」だが、昔ながらの煮立てるやり方もいまだに好まれている。ここ「自由の国」では個人の嗜好にまでとやかくいう必要はないだろう。ドリップ式のコーヒーを淹れるには、四人につき一カップ分の豆を挽き、これをドリッパーの上に入れ、熱湯半パイントを注ぐ。朝食ならば沸騰させた牛乳を添えるとよい。

クレオールのことわざから

Lagniappe c'est bitin qui bon. (Lagniappe c'est du bon butin.)

ラニャッパは合法的な戦利品。【ルイジアナ】

——ニューオーリンズの子どもにはおなじみの語「ラニャッパ」とは、店で野菜や果物や乾物類などを買うとついてくる小さなおまけのことである。特に食料品屋は飴玉や果物、ビスケット、小さなかわいらしいお菓子など、どれだけ子どもをひきつけるラニャッパを用意できるかでしのぎを削っている。狙いは子どもの関心をひくことである。バターを一ポンドとか一〇セント分の砂糖を買ってくるようお使いを頼まれた子どもが、ラニャッパを得ずして帰路につくことはない。

(『ゴンボ・ゼブ』一八八五年)

キャンデーとクリームドロップ

クリームキャンデー

クリームキャンデーを作るには、ライトブラウンシュガーを二ポンド、水を紅茶茶碗に一杯、バター大さじ二、酢大さじ一、好みの香料大さじ二を用意する。まず、ブラウンシュガーを水に溶かす。ただしかき混ぜなくてよい。これを二〇分間、強火にかける。さじですくい、冷水に落としてみる。伸ばせるくらい粘り気が出たら、バターを塗った皿に流し込む。触っても熱くない程度に冷めたら、クリームのように白くなるまで伸ばし（注1）、成形する。

ルイジアナ・オレンジフラワー・マカロン

オレンジの花を、花びらが一カップ分になるくらい摘んでくる。白砂糖二ポンドをふるい、花びらをハサミで切って入れる。こうすれば橙色が褪せない。卵白七個分を角が立つまで泡立て、花びらと砂糖を加える。これを白い紙の上にさじで落とし、小さな塊をいくつか作る。弱火のオーブンで焼く。焦げ目はつけないこと。

糖蜜のキャンデー

糖蜜二クォートとブラウンシュガー一ポンド、レモン二個分の汁を用意する。糖蜜とブラウンシュガーを中火にかけ、かきまわさずに二時間煮る。引っ張っても伸びないようであれば、さらに粘り気をつけるため、もう少し火にかける。最後に、好みのエッセンスで香りをつける。香料を入れるのが早すぎると香りがとんでしまう。手でふれられる程度に冷めたら、煎ったペカンの実かアーモンドを刻んだものを一パイント加える。大皿二枚にバターを塗り、キャンデーを流し入れて成形する。

エヴァートン・タフィー

浅い器を火にかけ、ブラウンシュガー一ポンドとバター四分の一ポンドを溶かす。一五分間、あるいは水に落としたら手で砕けるくらいの硬さになるまで、よくかきまわす。できあがる直前にレモンかバニラのエッセンスを加える。平らな皿にバターを塗り、タフィーを移して冷ます。少々冷めたら包丁で碁盤目に浅く切れ目を入れる。こうしておけば後で割りやすい。

レモンドロップ

グラニュー糖半ポンドに、砂糖が全部溶ける程度の量のレモン汁を加える。これをどろりとしたシロップ状になるまで火にかける。こうしてできたドロップを皿に移し、温かい場所に置いて固める。また、氷砂糖一ポンドにレモン汁四オンス、ローズウォーター四オンスをかける作り方もある。これをシロップになるまで煮詰め、レモンの皮をおろしたものを入れて、あとは前と同じ手順で固める。レモン汁の代わりにラズベリーシロップを使えばラズベリードロップになる。

ポップコーンボール

ポップコーン六クォートにつき糖蜜一パイントを用意する。糖蜜を一五分ほど煮立てる。ポップコーンを大鍋に入れ、上から沸騰した糖蜜をかける。ポップコーンに糖蜜がむらなくくっつくまで手早く混ぜ合わせる。手を洗ってから、これを好きな大きさのボール状（団子状）に丸める。

ココナツキャンデー

水四カップ、上白糖半カップ、酢小さじ四、卵大のバターひと塊を用意する。以上をどろりとするまで四五分くらい火にかける。火から下ろす直前に、ココナツを粉末にしたもの一カップを加えてかき混ぜる。バターを塗った皿に小さく平らなクッキー形にして並べ、冷まして固める。

チョコレートクリームドロップ

生クリーム半カップと白砂糖二カップを混ぜ、かきまわしながら五分間火にかける。その鍋を冷水が入ったボウルに浮かべ、中身が固まるまでかきまわす。チョコレートを湯せんして溶かす。鍋のドロップ生地をビー玉大に丸め、一つ一つフォークに刺して、チョコレートの中にくぐらせる。紙の上に広げて冷ます。好みでバニラエッセンスを加えてもよい。この分量でドロップが五〇個くらいできるはずだ。

チョコレートキッス

砂糖半ポンド、粉末状にしたチョコレート一オンスを用意する。これらを混ぜ、卵白四個分をよく泡立ててから加えてさらにかきまわす。バターを塗った紙に少しずつ落とし、オーブンで焼く。

シュガーキッス

卵白三個分を角が立つまで泡立てる。ここに粉砂糖を少しずつ加え、かなり固めの生地にする。

レモンエッセンスを二〜三滴加える。白い紙を濡らして錫の天板にしき、生地を形・大きさともクルミ大にして落としていく。低温のオーブンに入れ、表面が固まったらすぐに取り出す。幅広の刃の包丁を使って紙からはがす。オーブンの温度をさらに下げ、できあがったキッスを二つずつとったら、底の平らな面を合わせて、金ざるに並べる。これを一五分間オーブンに入れておく。

注1❖キャンデーを仕上げる際の「伸ばす」という作業は以下のようなものである。まずキャンデーの生地をそのまま手に取り、右手から左手へと持ち替えながら引っ張って伸ばす。この作業を一〇〜二〇分ほど行なううちに、生地が白く輝きを帯びてくる。伸びて細長くなったら、ねじりドーナツのようにねじって台に置く。めん棒で伸ばして、適当な長さ（六センチくらい）に切り分ける。

石炭売りの歌

真っ黒な石炭、せーきたーん！
せきたーん、せきたーん、せーきせーきたーん！
せきたーん、せきたーん！
せーきたーん！　最局の石炭だよー！
せーきーーーたーーーん！
せきたーん！
二五セント！　ヒュー！
たーん、せーきせーきせぇぇぇきたぁん！
たーん！
たぁーん！

「お兄さん、石炭買わないと口に突っ込むよ」
きれいなせきたーーん！

せーきたーん！
せぇせぇせぇきたーん！
たーんたーん！
シャルボン！　デュ・シャルボンいらんかね、マダム？
ボン・シャルボンは？　いらないって⁉　アーイアーイ！
ノン、ノン？　あ、ちくしょう！
シャーアーアーアールボン！
アアアアアア！　ハイヤアアアアア！　ハイヤァ！
せきたーん、石炭！
きれいな石炭！
シャルボン・ド・パリ！
パリから直輸入、マダム！　パリの石炭だよ！

（「アイテム」紙、一八八〇年八月二五日付）

石炭売り

傑作選

ワインの選び方

国際色豊かなルイジアナは、国中のワインを飲み尽くす、ワイン飲みの州と言っても過言ではない。従って、ワインの正しい選び方に言及せずに「ラ・キュイジーヌ・クレオール」を語り終えるわけにはいくまい。

遺伝によって人口の大多数に受け継がれたフランス仕込みの味覚に、アメリカ的風土との出会いという後天的な要素が加わって、ルイジアナではクラレットが普遍的なテーブルワインとなっている。当地の気候もまたクラレットの口あたりのよさを引き立て、とりわけ長く暑い季節には、どんなに経済的に切り詰めた食卓であってもこれを欠かすことはない。レストランでテーブルワインの一本も添えずに食事をしている人を見かけることはまずあり得ない。また、暑い季節ならば朝食においてさえ軽めの白ワインが添えられる。

ディナーの席でのアルコールは、以下の順序で出していけば間違いはない。

スープ……………………シェリー
魚料理……………………白ワイン
アントレ…………………クラレット、普通のテーブルワイン
アントルメ（注1）……右に同じ
肉のロースト …………シャンパン
サラダ……………………上等のクラレットかブルゴーニュ産赤ワイン
デザート…………………右に同じ
コーヒー…………………コニャック

ニューオーリンズの晩餐会ではワインが大量にふるまわれ、生牡蠣には軽めの白ワイン、スープや前菜にはシェリーかマデイラワイン、魚料理とアントレには重めの白ワイン、スープまたは魚のあとに続く料理やアントルメでは上等のクラレット、そしてパンチ・ローマン（二三九頁参照）と続く。ここで宴は分岐点を迎える。その後、肉のローストと共にシャンパンが運ばれ、鳥や鹿の料

理とサラダには上等のクラレットかブルゴーニュ産ワインが伴い、デザートに続いてコーヒーとリキュールで宴はしめくくられる。

一方、多くて五〜六皿程度の日常のディナーで無難と思われるアルコールの出し方は、以下のとおりである。ちなみに、このリストは最高権威のお墨付きである。

牡蠣……………………白ワイン
スープ…………………シェリーかマデイラワイン
魚料理…………………重めの白ワイン（省略してもよい）
アントレ………………シャンパン
肉のローストまたは鳥・鹿肉料理……上等のクラレット
サラダ…………………右に同じ
食後のワインはお好みで。

パン屋風グランブリュレ（美食家のメニューから）
晩餐会の最後を飾るのがブリュレである。ブリュレこそがメインディッシュであり、その晩の食卓に並んだ品々すべてにとっての最大かつ最後のプースカフェ（食後酒）にあたるものともいえる。

食後のコーヒーを出したら、室内の明かりを消すか小さくする。しずしずとブリュレが運び込まれ、花が生けられた一本脚のテーブルの中央に置かれる。マッチが擦られ、硫黄が完全に燃え尽きたところでブランデーに火がともされる。ブランデーが燃えるに従って、ゆらゆらとした炎が集まった人々の顔を照らす。ほのかな光に照らされた客の顔は悪鬼のように見え、にぎやかな雰囲気との好対照を成す。一瞬の静寂。一人一人が口を閉じ、もの思いにふける。と、次の瞬間、大笑いが沸き起こり、晩餐会の興奮は頂点に達する。――それでは、ブリュレの作り方を紹介しよう。

まず、大きな銀の鉢に最高級のフランス産ブランデーをワイングラスに二杯、キルシュ（注2）を同じグラスで半杯、マラスキーノを同じくグラス半杯、シナモンとオールスパイスを少量入れる。さらに角砂糖を一〇個くらい入れる。角砂糖は砕かずに、アルコールがしみ込んでいくのをじっと待つ。角砂糖を取り出して玉じゃくしにのせ、それらが隠れる程度のブランデーを新たに注ぎ、鉢の上にかざす。先に書いた手順に従ってブランデーに火をつけ、鉢の中の酒を少々すくう。このとき、ブランデーと鉢の酒をかき混ぜないこと。一五分くらいして火が燃え尽きたら、ワイングラスに注いで配る。

この量は五人分であり、もし客人が多ければ人数に応じて分量を調節する。緑茶とシャンパンを加えるやり方もある。

プチブリュレ

手頃な大きさで皮の厚いオレンジを一個用意する。皮に、赤道を描くように水平に包丁を入れ、スプーンの柄を実と皮の間に差し込んで実をくり抜く。こうしてできたオレンジの皮のカップに角砂糖二個とシナモン適量を入れ、フランス産のブランデー（コニャック）をいっぱいに注ぐ。グランブリュレと同じ要領で火をつけ、グラスに注ぐ。ブリュレにオレンジの芳香が加わり、なんとも芳しい。

パンチ・ローマン

水をワイングラスに二杯、ウイスキーを同じグラスに一杯、ジャマイカ産ラムを半杯、砂糖とレモン適量、以上を氷をたっぷり加えてよく振る。濾して、きれいなグラスに入れて食卓へ。

パーラーパンチ（モラン氏特製）

白砂糖大さじ一、レモン汁少々、イギリス産の紅茶をワイングラスに二杯、ウイスキーを同じグラスに一杯、ジャマイカ産のラムを半杯、ラズベリーシロップ少々、以上に氷を砕いてたっぷり入れ、よく振って、きれいなグラスに濾し入れる。

ニューオーリンズ・トディ

角砂糖一個、水大さじ一、ウイスキーかブランデーをワイングラスに一杯、角砂糖大の氷ひと塊を合わせる。小さめのバーグラスに入れる。

ファンシーパンチ

砂糖大さじ半杯、ラズベリー少々、レモンとライム、パイナップルのジュースを各少々、ウイスキーかブランデーとその倍量の水、氷をたっぷり用意する。材料を合わせ、よく振ってからパンチグラスに濾す。食卓に出すときに旬の果物を入れる。普通のバーグラスで供する。

シャンパンカクテル

ワインをグラス一杯、アンゴスチュラ・ビターズ二ダッシュ、レモンの皮少々を用意する。まずビターズとレモンの皮をグラスに入れ、そこにワインを注ぐ。仕上げに、砂糖を小さじ一加えてかきまわす。

ミントジュレップ（ウイスキー、ブランデー、ジンなどで作る）

粉砂糖大さじ一杯半、水をワイングラスに一杯、ウイスキーかブランデー、ジンなどを同じグラスに一杯、ミントの小枝六本を用意する。小さい氷をたっぷり使って作り、最後にイチゴとパイナップル、または旬の果物を飾る。

アブサン（注3）の混ぜ方

プレーンなアブサンである。アブサンをシェリーグラスに半杯、小さめの氷をたっぷり、水をワイングラスに二杯くらい用意する。アブサンと氷をグラスに入れ、水を一滴一滴たらしていく。ゆっくりとよくかき混ぜる。焦らず、時間をかけたほうがおいしい。

アブサン　アニゼット入り

アブサンをワイングラスに半杯入れ、ここにアニゼット（注4）を二〜三ダッシュ加える。あとは前項と同じように混ぜる。

アブサン　砂糖入り

アブサンをワイングラスに半杯入れ、粉砂糖小さじ一を入れる。これも前々項と同様にゆっくりとかき混ぜる。

食後酒　その一

マラスキーノ、キュラソー、キルシュワッサー、ブランデー各同量を混ぜる。ペイショーズ・ビターズを一ダッシュ加え、リカーグラスに入れる。

食後酒　その二

ベルナルディン、ブランデー、キュラソー各同量に、アンゴスチュラ・ビターズを一ダッシュ。

食後酒　その三

ブランデー、マラスキーノ、キュラソーを各同量に、ボーカーズ・ビターズを一ダッシュ。

食後酒　その四

黄色のラ・グランド・シャルトルーズ、フランス産ブランデー、緑色のラ・グランド・シャルトルーズを各同量に、ペイショーズ・ビターズを一ダッシュ。

ホット・スパイス・ラム

角砂糖二個、熱湯をワイングラスに二杯、ジャマイカ産のラムをワイングラスに一杯、バター少々（一〇セント硬貨にのるくらいの量）、クローブ、オールスパイスを混ぜる。小さめのバーグラスに注ぐ。

王妃様のスープ

水にタイム、スイートベイリーフ、パセリを入れ、鶏二羽をゆでる。火が通ったら（身がばらばらになるまでゆでなくてよい）鍋から取り出し、胸肉をさいころ程度の大きさに切り分ける。スープ鍋でタマネギ少々を焦げ目がつかない程度に炒め、小麦粉少々と鶏のゆで汁、米少々、残った鶏（肉も骨も細かいぶつ切りにする）を加える。全体によく火が通ったら一度ざるで濾し、もう一度煮立てる。このとき、何度も何度もかきまわすこと。沸騰したら火から下ろし、卵黄数個分を泡立てて加え、冷たい牛乳を少々加えてさらにかき混ぜる。スープ鍋よりひとまわり大きな器に湯をはり、鍋を湯せんしたまま置いておく。食卓がととのったら、スープ皿に胸肉を入れ、スープを注いで供する。

キンメダイのシャンボール風

魚の表面を傷つけないよう注意しながら内臓をとる。卵も取り除いておく。うろこをとり、半身を少し持ちあげて、ヒレから尾までベーコンを差し込む。鍋に入れ、湿り気がつく程度に白ワインをふる。塩、こしょう、パセリ、ベイリーフ六枚、タイム適量、薄切りにしたタマネギ、クローブ三つを加える。頭部には細長く切ったベーコンをのせ、鍋に紙を数枚かぶせてオーブンに入れる。このまま一時間、弱火にかける。できあがったら汁気を切り、平皿に移す。魚のまわりを、詰め物生地で作った団子で飾る。あるいは鳩のゴーティエ風、仔牛の膵臓の冷製、小さめの仔牛の肩肉リンパ腺の冷製、カニ、鶏レバー、トリュフ、雄鶏のトサカ、雄鶏の腎臓を飾るとさらによいだろう。魚の煮汁は目のつんだ濾し器にかけ、もし味が足りないと感じるようなら、鍋にスパニッシュ・ソース（注5）を大さじ二、煮汁大さじ二を入れて半量に煮詰め、団子などの飾りも一緒に煮込んでキンメダイにかける。ソースがゼリー状になったら、焦げ目をつけて食卓へ。

クレオール風ザリガニのビスク

ザリガニを洗い、ゆでて水気を切る。頭と身を切り離す。頭の中身は取り除く。頭二〜三個が一人分になる。身の殻をむく。尾はとっておく。身を乱切りにし、パン、タマネギ、塩、黒こしょう、卵一〜二個を加える。これを、中身を取り除いた頭に詰める。ハサミや脚は乱切りにする。ニンニク少々とタマネギ、ハム、カブ一個、ニンジン一本、小麦粉少々を炒める。ここに水を加え、ハサミと脚、トマト数個、タイム、スイートベイリーフ、パセリ、米少々を加える。焦げないようにちょくちょくかきまわす。全体がよく煮えたら、ざるに移して濾す。濾したものを火に戻し、味つけをする。詰め物をした頭部は、茶色く焦げ目がつくまでオーブンで焼く。スープの準備ができたら、頭と尾をスープ皿に入れ、上からスープを注ぐ。食卓に出す前にバター少々とナツメグを加え、バターが溶けるまでかきまわす。

ブイヤベース

タマネギとニンニクをみじんに切る。オリーブ油でこれを炒め、軽く色がついたら、薄切りにした魚を入れる。トマト数個を湯むきし、薄切りにして加え、さらに塩、黒こしょう、赤トウガラシ、タイム、スイートベイリーフ、パセリ、白ワイン半本を加え、魚が隠れるまで水を入れる。強火にかけ一五分煮る。深皿にトーストを数枚並べ、浅い皿に魚を入れてスープを少々かける。スープの残りをトーストの上に注ぎ、熱いうちに食卓へ。

フォーヴェ風シギ焼き

シギ一四羽の羽毛、内臓などを取り除く。少々焦げ目をつけた詰め物生地にトリュフ二個を刻んで加え、シギに詰める。詰め物をするときはシギの皮を丁寧にうしろに折り曲げておき、詰め終えたらできるだけ自然な姿に見えるよう元どおりかぶせておくこと。中にベーコンも入れ、すべて詰め終えたらフライパンに並べる。火にかけている間に皮が縮まないよう、フライパンにはできるだけたくさんのシギを一緒に並べること。シギの上にも細長く切ったベーコンをのせておく。さらにスープストック少々を加えて湿り気をつけ、バターを塗った紙をふたとしてかぶせる。これをオーブンに入れて四〇分間焼く。

焼きあがったら汁気を切り、下のほうが汚ければ軽く包丁でととのえる。軽く焦げ目をつけた詰め物を小さな山にして皿に盛り、シギの胸を上にして並べ、凍らせる、いや、グレーズする（注6）。そして皿のままオーブンに数分間入れて温めておく。シギの頭から皮と眼を取り除き、くちばし一つ一つに小さめのトリュフ一個をくわえさせ、二羽の胴体の間に頭を一つずつ置く。つけあわせとして雄鶏のトサカ、帆立貝、ガチョウのレバー、マッシュルームをマデイラソース（注7）に加えて煮込む。煮詰めて鳥のにおいをしみ込ませたら、つけあわせを皿のまわりに飾る。シギの身も頭もグレーズし、ソースは別にして添える。すべてあつあつのまま食卓へ。

ロシア風サラダ

野菜各種（ニンジン、カブ、サヤエンドウなど）を適当に切り、塩とバターを入れた水でゆでる。水気を切ったら塩、こしょう、酢で軽く味をつける。グリーンピース少々をゆでて水気をよく切り、つぶす。以上の材料すべてをサラダ用の大皿にピラミッド状に盛る。全体に軽くマヨネーズをかける。アーティチョークの芯があれば、アスパラガス少々と共に皿の縁にリースのように円く並べて飾る。食卓に出すまでに、できるだけ冷やしておく。

二〇人分のビスキュイ・グラッセ

卵黄一〇個分、グラニュー糖半ポンド、生クリーム半ガロン、バニラエッセンスを用意する。生クリームが軽すぎるようなら卵白を泡立てて加える。作り方は、これらを混ぜて四角形の箱に入れ、凍らせて小さく切り分けるだけである。箱は底面が横三インチ、縦六インチの錫の箱と、それよりもひとまわり（縦横三インチずつ）大きい箱を用意する。小さいほうの箱はぴったりとふたが閉まるものにし、外側の箱には水や溶けた氷が流れ出るよう穴をあけておく。小さい箱にビスキュイ生地を流し、ふたをして大きい箱に入れ、大小の箱の間に氷と塩を詰めて凍らせる。凍ったらビスキュイの上に赤い色のシャーベットをのせて供すると、いっそう見栄えがよい。

注1❉ふつうはチーズの前にデザートとして出される甘い料理のこと。ここでは肉料理の前に出されるシャーベットなど、いわゆる「口直し」のことを指すと思われる。

注2❉サクランボで作るブランデー。

注3❉ニガヨモギなどの香草で作ったリキュール。

注4❉アニスの種から作ったリキュール。

注5❉バターと小麦粉でキツネ色のルーを作り、ブイヨンを注いで煮詰め、濾してから肉汁を加えて作るソース。他の多くのソースの基本となる。

注6❉グレーズ（フランス語ではglacer）には「肉に肉汁をかけて照りをつける」という意味とともに「凍らせる」という意もあり、二つをひっかけてしゃれている。

注7❉小タマネギをバターで炒めて焼き色をつけて取り出し、そこに小麦粉を加えてルーを作り、ブイヨンを注ぎ、マデイラワインとマッシュルームを加え、塩、こしょうをふったうえでタマネギを戻して作るソース。

料理の心得

塩漬けのハムやタンを火にかけたあとは、すぐに冷水に投げ込むこと。熱湯から冷水にすぐに漬ければ皮がはがれやすくなり、むくのは簡単である。

刻みケイパーには新鮮な酢を加えること。酢がケイパーの香りを引き立て、ますます食欲がそそられるはずだ。

バターソースは油っぽくなるので決して沸騰させてはいけない。

卵の白身と黄身は必ず別々にして溶いたり、泡立てること。このほうが組織がよく分解される。泡立てるときには水を大さじ一加えるのも忘れてはいけない。さらにきめが細かくなる。

タマネギ、カブ、ニンジンは繊維に対して直角に切る。火を通したときにいっそう柔らかい仕上がりになるからだ。

野菜をゆでるときには強火でさっと沸騰させた湯をたっぷり使うこと。湯が多ければ多いほど熱量も多くなる。少量だと湯も野菜もすぐに冷めてしまい、どんなに長く煮ても野菜は柔らかくならない。

青物野菜をゆでるときは塩とソーダを入れるとおいしくなる。ソーダが消化に悪い油分を分解してくれるのだ。鍋一杯分の青物に対し、ソーダ小さじ一を加えるのが目安であろう。ただし、パセリはソーダなしで塩と熱湯だけでゆでること。パセリをゆでるのは一〜二分にし、その後、細かく刻む。湯はたっぷり使う。少ないと硬くなり、茶色に変色してしまう。

乾燥豆は、栄養分が逃げてしまうので決して最初から冷たい水には漬けないこと。まず湯で洗ってから冷水に漬ける。それから布に包んで口を縛り、熱湯に漬ける。熱湯には塩少々をふっておき、四時間ゆでる。この後、豚肉のまわりにばらまいて一緒に焼いてもいいし、グレイビーと一緒に出してもよい。豆のピューレを作るには、ゆだったら冷水にさっと漬ける。こうすると皮がぽろりとはがれやすくなる。濾し器かざるを通してつぶし、バター、塩、こしょうで味をつける。

肉を焼いているときは、焦げた空気を逃がすためにオーブンの扉を開ける。オーブンはかなり高温に熱しておき、肉はよくラードを塗っておくか、脂肪をのせたり肉汁をかけておき、その後、小麦粉をまんべんなくまぶす。こうしておけば肉の水分が逃げず、柔らかく仕上がる。

クレオールのことわざから

Balié nef, balié prope.（Un balai neuf, un balai propre.）

新しいほうきはきれいなほうき。これは、イギリスの家庭で言うところの「新しいほうきはきれいに掃ける」をクレオール語にしたもの。【モーリシャス】

Bon lilit, bon ménaze.（Bon lit, bon ménage.）

ベッドがととのっている家は家事も行き届いた家。【モーリシャス】

（『ゴンボ・ゼブ』一八八五年）

洗濯女

家事の心得

石鹸をゆでて作る方法、その他

掃除は階上から始めて階下に下りていくようにすること。もちろん、合間合間にひと休みしてもよい。

床をきれいに掃除したら、壁と天井の汚れが目についてくるはずだ。壁と天井を真っ白にする洗剤を作るには、まず湯に上等の石灰を溶かして消石灰を作り、ふたをして蒸してから、目のつんだ濾し器で石灰の乳剤を濾す。これを手桶一杯につき、米粉三ポンドをゆでて糊状にしたもの、ふつうのみょうばん半ポンド、砂糖二ポンド、白い糊（または、にかわ）一ポンドを弱火で溶かしたものと合わせる。全体が温まったら、刷毛を使って作業する。

ペンキで塗装してあるところを拭くときは、ひと拭きにつき水をほんの少量だけ用いる。水は頻繁に替えること。綿布や刷毛を使うよりも、柔らかいフランネルの布かスポンジでこすったほうがよい。部屋の隅であれば、松を細く削って先端を鋭くとがらせたものでこする。ペンキに煙の跡がついて煤けているようなら、灰かアルカリ洗剤を使うとよい。から拭きには柔らかい麻のふきんを使う。

ガラス洗いには石鹸を使わないこと。胡粉《ごふん》（注1）、白亜（注2）などを水と合わせてどろどろのペースト状にし、これを少々つけてこする。ぞうきんを替えてぬぐい、その後、柔らかい麻布か古い絹のハンカチで磨く。アルコールやベンジンを使ってもよい。また、布やスポンジ、ぞうきんを使うよりもきれいな紙で拭いたほうがよいようだ。ただの乾燥した紙が、優れた研磨用具となるのである。

大理石を磨くには、ソーダ、軽石、チョークを二対一対一の割合で合わせ、粉末にする。これを清潔なモスリンの端切れに包み、口を縛る。まず大理石に水をかけて濡らし、この磨き粉をふりかけ、柔らかな布で汚れをこする。最後にきれいな水で洗い流し、柔らかい麻布か絹のハンカチでから拭きする。決して石鹸やアルカリ洗剤は用いないこと。

家具を磨くには蜜蠟二オンス、テレピン油一オンス、粉末のロージン一六分の一オンスを弱火にかけて混ぜ合わせ、冷めたら柔らかなフランネルの布につけてこする。仕上げに柔らかい麻か絹の布で磨く。マホガニーには酸化鉄粘土（インド赤）少々を使ってもよい。家具のひびや割れ目には、酸化鉄粘土と焼きアンバー（注3）をパテに加え、適当な形に成形して詰める。乾いたら、ひび・割れ目付近も含めて磨く。

家庭用の硬石鹸（ナトリウム石鹸）

獣脂七ポンド（または他の洗剤用脂）にロージン三ポンド、水六ガロンを加え、アルカリ洗剤二ポンドを加えてかき混ぜる。これを五時間火にかければ石鹸になる。熱いうちに洗い桶に入れ、ひと晩ねかせておく。冷めたら棒状に切り分け、板の上にさらして固める。四人家族であればこの量で一年もつ。

合成洗剤

何の汚れでもよく落とし、害のない合成洗剤の作り方は以下のとおりである。大きめの棒状の石鹸を小さく切り分けて、ホウ酸二オンスを加え、水半ガロンに溶かす。石鹸が柔らかくなるまで火にかけたら、使うまでしまっておく。色落ちさせるような成分はまったく入っておらず、ごしごし洗う労働量と石鹸を節約できて重宝する。

果物のシミ

果物のシミは、シミのついた衣類をすぐに熱湯に漬け、数分浸した後でふつうに洗うとたいていの場合は落ちる。

色落ちを防ぐ方法

鉛糖（酢酸鉛）小さじ一を手桶一杯の水に溶かす。洗う前の衣類をこれに三〇分間漬けておき、それからふつうに洗う。

ツタの室内装飾利用法

あまりよく知られていないが、ツタは常緑であり、日陰で生き生きと育って繁殖するので、室内を美しく飾りつけるのにうってつけである。養分に富む柔らかな庭土を鉢いっぱいに入れ、適宜水分を含ませてからツタを植える。これでもう手間暇かけずとも育つ。壁や天井にトレリス（菱形や方形の格子細工）を取り付け、ツルをこれに這わせる。その他、部屋に合うように適当な飾り方を工夫してみるとよい。ツタについて、「ルーラル・ニューヨーカー」誌に次のような記事があったので参考にされたい。

「部屋にツタを飾ったら、室内の温度はあまり上げず、常温を保つこと。人間にとって快適な温度がツタにとっても適温なのである。また、ツタを部屋中に繁らせるのは人間の健康に害ではないかという心配も無用である。植物は空気をきれいにするし、ツタの発する強い香りこそが人間の体によい物質を発している証なのである。ツタは日光にあてなくてもよく育つので、室内を飾りつけるという目的のためには最も適した植物である」

「室内向けの植物は他にもある。いわゆる本物のツタとは異なるが、ジャーマン・アイビー（学名 Senecio scandens・注4）として知られる種である。本物のツタ（Hedera・キヅタ、フユヅタなど）よりも生長が早く、広々とした部屋が数週間のうちにこの小さな植物で埋め尽くされてしまうこともある。陽の光を浴びなくてもよく育ち、葉はふつうのイングリッシュ・アイビー（セイヨウキヅタ）によく似ているが、色はやや薄く、より明るく生き生きとした緑色をしている」

注1❖日本画で用いる、ハマグリなどの貝殻を焼いて作った白色の顔料。

注2❖貝殻などから成る柔らかい白色の土。チョークや白壁の原料となる。

注3❖焦げ茶色の天然の顔料。

注4❖Senecio scandensは日本ではふつうタイキンギクを指すが、ツタというよりむしろキクに近いので、ここで原文がイメージするものとは少々違うように思われる。一部の植物図鑑ではジャーマン・アイビーを学名Senecio mikanioidesとし、ツタのようにツルのあるキク科の植物と解説しており、こちらのほうが原文で説明している特徴に近い性質をもっている。

訳者あとがき

それにしても、奥の深い本だ。料理本の枠を超えた、ノンフィクション小説と呼んでも誤りではないかもしれない。一般に、料理の本というと、純粋に実用本位のもの（年齢、性別、特殊な病気やダイエット用、各国料理など読者のニーズに応じて各種）、ウンチクもの（中年男性が日本では絶対に手に入らない食材を使って野趣に富んだ料理を作り、最後に「料理はアートだ」などと宣《のたま》う）、オリジナル料理再現もの（童話や小説の世界観をベースにその雰囲気の料理を再現しようとする）などに大別できるように思う。しかし、テーマは異なれど、どれも最初に材料が列記され、①、②などと箇条書きで手順が続く。それが料理の本というものである。ふつうは。

ところが、ハーンの料理本はひと味もふた味も違う。まず、ふつうの料理本につきものの箇条書きは皆無。手順の説明も重複が多く、不親切極まりない。たとえば「手早くできるプディング」というタイトルにひかれ、作ってみようと台所に立つ。だが、おなじみの材料リストは見あたらない。やむなく座り直して全項を熟読。プディングの作り方はわかった。さあ、上にかけるソースだ、というところで、説明されているのは「バター、ワイン、砂糖、ナツメグで濃いめのソースを作」る、これだけ。ソースののった完成品を目にするには、冒頭に戻ってソースの作り方から学習し直さねばならない。同じものが二度出てくる場合は初出時にしか丁寧な説明がなかったり、下手をするとその料理のコツなるものがようやく章の終わりになって現れたりする。これはもう、途中からアトランダムに読むことが許されない「小説」の域に入るものだ。歴とした「読み物」なのである。

本書がこのような連続性のある読み物という性質をもったがゆえに、逆に翻訳作業は楽しく進められた。当初は、原文の量の多さ、また一見して無味乾燥なレシピの羅列を前に、途中で退屈するのでは、と危ぶんでいたのだ、実は。

ところが作業を進めるうちに、しだいに登場人物がはっきりした形をもって動き出す。無味乾燥な料理本という第一印象を超え、一九世紀後半のニューオーリンズに生きた人々の暮らしが浮かびあがってきたのだ。そこからは早かった。

語り部はラフカディオ・ハーン。放浪者としてニューオーリンズにたどり着いた、好奇心と食欲が旺盛な独身男だ。家庭の味に飢えたハーンは、友人宅を訪問して、温かい食事にありつく。その美味に感激した彼は台所に駆け込み、調理法をたずねる。台所の主はニューオーリンズ在住のベテラン主婦。現役主婦ならではのウンチクの数々からは、彼女たちのキャラクター、はては容姿までもが浮き彫りになってくる。「焼き菓子を作るなら、用具は木製より大理石。結局、大理石のほうが長もちするからね」「新しいアップルパイの作り方を教えてあげましょう。一度こっちでやると、昔のやり方でなんてやってられないんだから」「クランベリーパイを作るときに、小麦粉を入れる人がいるらしいけど、わかっちゃいないわね」……。作品を提供した主婦の実名が省略されているのが実に惜しい。もしかしたら、主婦同士の人間ドラマまで暴かれていたかもしれないのだ。

また、電化製品を使わないので妙に時間のかかる調理はもとより、そのダイナミックさ、ボリュームにもわくわくさせられる。シギ焼きを食べるなら、まずシギ一四羽の羽根をむしる。クレオール名物ザリガニのビスクスープを作るには、ザリガニ「五〇匹ほどが適当である」。さらに、計量表記を原文に即したためピンと来ない部分もあるかもしれないが、お昼や夜食向きの手軽なオイスタートーストならば「牡蠣一クォート」が必要だ。一クォート、すなわち約一リットルである。

ああ、なんという食欲、なんというダイナミズム、なんという暮らし！　こんな風に料理をし、食卓を囲んでいた人たちはいったいどんな生き方をしていたのだろう。何に幸せを感じ、何に悩み、どんな風に死んでいったのだろう。また、異国人として、現地の人々の暮らしを執拗に観察し、細部をとらえることで生き生きとその生活を描きあげ、そしてまたはるか彼方の異国、日本に旅立っていったハーンの人生とはいったい何だったのだろう。本書には、政治家やお金の動きを中心とした歴史書ならば確実に削り落とされる、ふつうの人々の暮らし、生きざまをごく自然に思い起こさせる行間の深さがある。そしてこの「ふつうの人々」は、二一世紀の歴史書であれば削り落とされるであろうわたしたちの姿でもある。結局、読者は本書を通じて、もしかしたらあの時代、あの場所で暮らしていたかもしれないわたしたちの姿を見るのだ。現代の日本人からすると個性的、ことによると異様とさえ言えるハーンの生き方も含めて、こんな暮らしもある、こんな人生もある、という当たり前の事実を突きつけられるのだ。……何もわざわざ、このような教養小説めいた読み方をしなくてもよいのだが、少なくとも訳者はこうした深読みで翻訳作業を楽しんだ。

本書をクレオール料理の手引き書として利用する向きにも、ありったけの想像力を働かせることをおすすめしたい。いや、そうしないと作れない。先述のとおり、原文には説明が曖昧な部分が続出したため、訳出時に完成品をイメージしつつ、常識で補える部分は補った。ただ、この不完全さもまた本書の魅力と考え、必要以上に補うことは避けた。あとは読者の想像力におまかせしたい。

翻訳にあたっては、ニューオーリンズのトゥレーン大学図書館司書シルヴィア・V・メッツィンガー氏、友人のレスリー、ベッキーのご助力を得た。さらに、監修していただいた東洋学園大学の河島弘美教授、こちらが見落とした調理方法などを資料を駆使して丁寧に拾って下さったTBSブリタニカ出版局の福川由布子さん、また、本書を訳す直接のきっかけを与えて下さったキネマ旬報社の掛尾良夫氏、フランス映画社の大橋淳さんにあらためてお礼を申しあげたい。

一九九八年九月

鈴木あかね

監修者／河島弘美（かわしま・ひろみ）
東京大学大学院修士課程（比較文学・比較文化）修了。現在、東洋学園大学グローバル・コミュニケーション学部教授。著書に『ラフカディオ・ハーン』、『動物で読むアメリカ文学案内』（いずれも岩波ジュニア新書）、『小泉八雲事典』（共著、恒文社）。訳書に『ラフカディオ・ハーン著作集』（共訳、恒文社）、ヘンリー・ジェイムズ『ワシントン・スクエア』、エミリー・ブロンテ『嵐が丘』、シャーロット・ブロンテ『ジェイン・エア』（いずれも岩波文庫）ほか。

訳者／鈴木あかね（すずき・あかね）
一橋大学大学院修士課程（国際関係論）、ケンブリッジ大学修士課程（ヨーロッパ研究）修了。出版社勤務を経て、フリーランス・ジャーナリスト。著書に『現代ロックの基礎知識』（ロッキング・オン）ほか。

復刻版　ラフカディオ・ハーンのクレオール料理《りょうり》読本《どくほん》
2017年３月30日　初版発行

監修者 ――― 河島弘美
訳　者 ――― 鈴木あかね
発行者 ――― 小林圭太
発行所 ――― 株式会社CCCメディアハウス
〒153-8541　東京都目黒区目黒１丁目24番12号
電　話　販売　(03) 5436-5721
　　　　編集　(03) 5436-5735
http://books.cccmh.co.jp

印刷・製本　慶昌堂印刷株式会社

©Hiromi Kawashima & Akane Suzuki, 2017
ISBN978-4-484-17103-6
Printed in Japan
落丁・乱丁本はお取替えいたします。

定価には別途税が加算されます。

CCCメディアハウスの名著復刊

新装版 花と草木の歳時記
甘糟幸子

慌ただしく過ぎる日々だからこそ、花や草木の息吹で感じたい日本の四季。鎌倉を歩き、野草を食卓に並べ、草花を部屋に飾る暮らしを瑞々しい筆致で描いた名随筆の復刊です。いまを生きる私たちが、自然との寄り添い方を再発見するヒントに。

●一五〇〇円　ISBN978-4-484-17209-5

イスラム教徒の頭の中
吉村作治

エジプト考古学者として、エジプト人女性との結婚（離婚）を通じて、アラブ社会とともに歩んだ吉村先生による、アラブ人の本質を描いた『アラブ人と付き合う方法』を改題。彼らの行動様式から吉村式のつきあい方を教えます。

●一五〇〇円　ISBN978-4-484-17208-8

新 新装版 トポスの知 ［箱庭療法の世界］
河合隼雄　中村雄二郎

クライエントの「箱庭づくり」に現れる出来事は人生のドラマといってよい。その限定された「場」（トポス）には人間存在の在り様が示されるとともに、多くの新しい「知」がはらまれている――〈箱庭療法〉をめぐる哲学者と心理療法家の対話。

●二五〇〇円　ISBN978-4-484-17211-8

新装版 きもの歳時記
山下悦子

ふだん着、晴着、礼装、帯、小物……。いまや、身近な人から教えてもらうことの少なくなったきもののあれこれ。そして、染め、織り、柄模様など、美しい日本の伝統の意匠について。四季と人の心と、形の結びつきを名随筆で再発見する。

●一六〇〇円　ISBN978-4-484-17212-5